LO
QUE DIGA
TU
DEDiTO

Max Kaiser/Paco Calderón

LO
QUE DIGA
TU
DEDiTO

Manual ciudadano para indecisos o decepcionados

Grijalbo

El papel utilizado para la impresión de este libro ha sido fabricado a partir de madera
procedente de bosques y plantaciones gestionadas con los más altos estándares ambientales,
garantizando una explotación de los recursos sostenible con el medio ambiente y beneficiosa para las personas.

Lo que diga tu dedito

Primera edición: febrero, 2023

D. R. © 2022, Paco Calderón y Max Kaiser

D. R. © 2023, derechos de edición mundiales en lengua castellana:
Penguin Random House Grupo Editorial, S. A. de C. V.
Blvd. Miguel de Cervantes Saavedra núm. 301, 1er piso,
colonia Granada, alcaldía Miguel Hidalgo, C. P. 11520,
Ciudad de México

penguinlibros.com

ISBN: 978-607-382-628-0

Impreso en México – *Printed in Mexico*

Índice

Introducción

Las democracias más exitosas del mundo son aquellas en las que todos pueden ser parte de la discusión, y la mayoría lo son. Se trata de países que invierten mucho dinero y capital político en generar diferentes plataformas educativas que construyen una ciudadanía libre e informada. Sociedades empoderadas a través del conocimiento y la práctica permanente de sus derechos. Personas que no le tienen miedo al poder ni al Estado porque conocen sus funciones, sus facultades y sus límites. En estas democracias la rendición de cuentas sucede no solo como una obligación constitucional permanente del Estado, sino como una capacidad construida en cada ciudadano que exige resultados, demanda responsabilidad y se dota a sí misma de herramientas para transparentar el ejercicio del poder y establecerle límites claros.

La idea detrás de este libro es iniciar el camino de la construcción de una ciudadanía mexicana libre, informada, consciente de sus derechos y activa en su ejercicio. Se trata de dotar al ciudadano común de los conocimientos y conceptos más básicos que se requieren para formar parte de la discusión pública.

Primero quisimos poner a tu alcance un breve recuento histórico de aquello que nos trajo al momento político que vivimos hoy. Esto, porque creemos importante entrenarnos como ciudadanos para ver los momentos políticos no como hechos aislados y extraordinarios, sino como parte de una larga cadena de eventos que fueron provocando el momento presente, y que provocarán muchos momentos futuros. No todo lo que sucede hoy tiene una razón lógica, pero sí una explicación histórica. Es decir, lo que sucede hoy fue provocado por los actos de muchas personas que, voluntaria o involuntariamente, contribuyeron a la crisis de nuestra democracia. Como ciudadanos necesitamos aprender a ver aquello que nos trajo hasta aquí para poder identificar aquello que podemos cambiar y todo lo que debemos evitar. Lo hicimos de forma divertida, combinando el arte de Paco y un breve recuento histórico de aquello que más nos impactó, y que vivimos muy de cerca.

Después creamos 30 espacios para hablar de 30 conceptos esenciales en la discusión pública. En cada uno respondemos tres preguntas: ¿qué es?, ¿cómo se ve hoy? y ¿cómo debería verse? La idea de este ejercicio es que puedas comparar la realidad de cada uno con su concepto académico y con lo que podría ser si fuéramos una democracia exitosa. Queremos darte estas tres herramientas en cada uno para que puedas entrar en muchas discusiones con un concepto claro, un breve análisis de su situación actual, pero, sobre todo, con propuestas concretas de cómo podría mejorar. Otra vez, intentamos ponerlos a tu disposición de manera divertida y gráfica para que este libro sea una entretenida experiencia y lo lleves a todos lados.

Vamos a reconstruir juntos este gran país.

¿Cómo llegamos hasta aquí?

México, 1994–2018:
24 años de transformación

"ZEDILLÍN"

Ernesto Zedillo, 1994-2000

El presidente que no era

E rnesto Zedillo llegó a la presidencia en las peores circunstancias posibles: el 23 de marzo de 1994 asesinaron al candidato del Partido Revolucionario Institucional (PRI) a la presidencia, Luis Donaldo Colosio, y Zedillo era el único priista de nivel que podía ser candidato porque los demás estaban limitados constitucionalmente por pertenecer aún al gabinete. Esto provocó que el PRI se viera obligado a gastar miles de millones de pesos en la campaña para lograr su elección. Con poco carisma y nulo reconocimiento social, su triunfo requirió de la operación del aparato completo, que no pudo esconder el burdo desvío de recursos y el despilfarro obsceno para no perder la presidencia. Así, su llegada estuvo marcada por una pobre legitimidad democrática y un alto desgaste de la maquinaria priista. Pero, además, por las bombas que dejaba el año 1994, uno de los más turbulentos en la historia de nuestro país, en lo social, en lo político y en lo económico.

Con poca legitimidad democrática, un gabinete negociado con distintas fuerzas del partido, un PRI dividido por los recientes asesinatos, un expresidente dolido y muy activo, y unas finanzas públicas al borde del colapso, Zedillo tomó la presidencia en diciembre de 1994, y pronto el país entró en *shock*.

El colapso del sistema financiero provocó el colapso de las finanzas públicas, del tipo de cambio y de la confianza en el país. Zedillo no tuvo más remedio que suplicar ayuda del Gobierno estadounidense y sentarse con todas las fuerzas políticas del país para acordar una salida a la crisis que podía hundir al país completo.

Los partidos de oposición aprovecharon la oportunidad y negociaron históricas reformas a cambio de permitirle al gobierno convertir en deuda pública el multimillonario rescate del sistema bancario mexicano. Las tres reformas más trascendentes que negociaron, para conseguir la transición a la democracia, fueron la que logró la autonomía completa del Instituto Federal Electoral (IFE), los nuevos reglamentos internos del funcionamiento de las cámaras del Congreso de la Unión, y la transformación del Departamento del Distrito Federal en un nuevo espacio de gobierno, que requería una elección directa de su titular.

Estas tres reformas provocaron que, en 1997, el PRI perdiera, por primera vez en su historia, la mayoría absoluta en la Cámara de Diputados. Una coalición de cuatro partidos (Partido Acción Nacional —PAN—, Partido de la Revolución Democrática —PRD—, Partido del Trabajo —PT— y Partido Verde Ecologista de México —PVEM—) obligó al presidente Zedillo a negociar cada presupuesto de egresos de sus últimos tres años, a cambio de grandes reformas y espacios en las comisiones más relevantes de la Cámara, que los fortalecieron como nunca.

Mientras esto sucedía, la crisis económica y la inseguridad del país le permitieron al PAN arrebatarle al PRI presidencias municipales importantes, así como Gobiernos estatales, lo que prepararía su plataforma para ser competitivo en las elecciones presidenciales del 2000.

Con un IFE autónomo, con financiamiento público suficiente, con espacios equitativos en medios de comunicación y con un aparato electoral confiable y robusto, Vicente Fox le arrebató la presidencia de la República al PRI, en unas elecciones que se proyectaban como muy cerradas, y que al final no lo fueron. El candidato de la coalición encabezada por el PAN ganaba por más de 6%, en un hecho histórico.

La noche de la elección, Ernesto Zedillo jugó un papel fundamental: hizo oídos sordos a decenas de voces de su partido que le pedían desconocer e impugnar la elección, y, en cambio, esa misma noche felicitó al candidato ganador y al IFE por su gran labor. Este acto permitió una transición pacífica y civilizada, que acabó formalmente con el periodo conocido como transición a la democracia en México.

Con la llegada de un presidente de un partido distinto al conocido como "partido hegemónico", se daba paso a la etapa de consolidación democrática, o, por los menos, eso era lo que esperábamos.

MASTER AND COMMANDER

COMING TOO SOON!

Vicente Fox, 2000-2006

La gran esperanza perdida

El país se desbordaba en esperanza. Para muchos, antes del 2000, sacar al PRI de los Pinos era prácticamente imposible, pero Vicente Fox lo había logrado. Su insolencia, su pragmatismo, su promesa de acabar con la corrupción y su desprecio por las formas tradicionales de la política mexicana hicieron pensar a millones que se trataba del presidente que México necesitaba en esta nueva etapa de consolidación democrática. Recibió un país moderadamente pacífico, con una economía moderadamente estable. Las difíciles reformas y acuerdos que había logrado su antecesor arreglaron el sistema financiero mexicano y las finanzas públicas del gobierno. Esto generó confianza en México en el entorno internacional y buena voluntad del sector privado.

La larga transición del poder presidencial, que corría del triunfo electoral, en julio de 2000, al 1 de diciembre, día en que tomaría posesión, marcó el sexenio. El armado del gabinete fue un desastre. En lugar de crear un equipo leal y unido, que explotara las características que la ciudadanía apreciaba en el presidente electo, y que lo habían llevado al poder, se creó un equipo de supuestos expertos, poco leales, poco identificados con el proyecto de cambio, poco afines al estilo personal de su nuevo jefe y muy cobardes en el plano político.

Empeñados en descafeinar al presidente, preocupados por las críticas a su estilo insolente y desparpajado, pronto lo convirtieron en un político gris y poco atractivo. El Vicente Fox de la campaña desapareció por completo y, con eso, se fue desvaneciendo el apoyo popular.

Con pocos cuadros de alto nivel, el nuevo gobierno decidió reciclar a cientos de priistas en puestos de alta relevancia en el gobierno, que pronto empezaron a trabajar para su partido y a obstaculizar cualquier intento real de cambio.

Vicente Fox era el primer presidente de la historia sin mayoría en las dos cámaras del Congreso de la Unión, sin mayoría en Gobiernos y Congresos estatales, y sin mayoría en los Gobiernos municipales. Era también el primer presidente sin apoyo gremial organizado de sindicatos de trabajadores, de empresarios organizados o sindicatos de burócratas. Su base social era una ciudadanía desorganizada y cada día más desmotivada.

Todo lo anterior se hizo evidente de inmediato. Fue prácticamente imposible para su gobierno pasar reformas constitucionales o legales trascendentes. Cada presupuesto de egresos requería de enormes concesiones a los partidos de oposición. Los gobernadores de oposición, envalentonados por la debilidad del Gobierno federal, crean en 2002 la Conferencia Nacional de Gobernadores (Conago) para amarrarle las manos al gobierno en temas trascendentales como la distribución de los recursos públicos, la seguridad, la educación y la salud. Constituido como un bloque de chantaje y presión, se convirtió en un filtro infranqueable para cualquier intento de cambio, y provocó que los gobernadores se convirtieran en pequeños virreyes de sus estados. Desde entonces, evitaron por completo la fiscalización real de sus recursos, la responsabilidad y la aplicación de la justicia.

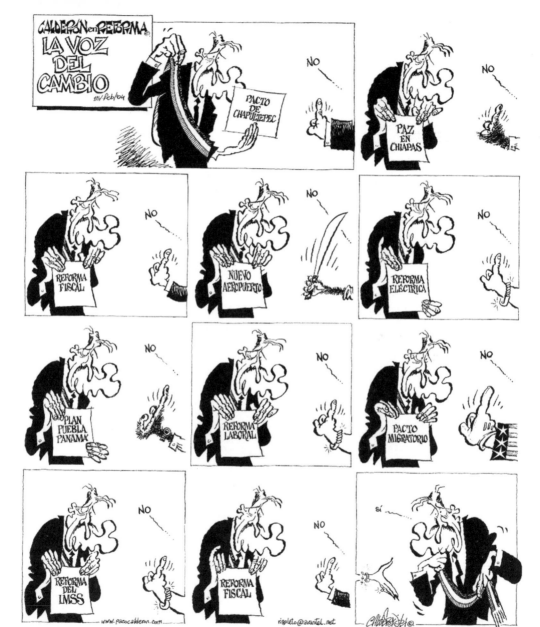

Los gobernadores de México se convirtieron en corruptos chantajistas profesionales que hacían caravana con sombrero ajeno (recursos federales), pero nunca se hacían responsables de dar resultados concretos a su población. Amasaron grandes fortunas, mucho poder y un enorme desprestigio.

La frustración de un gobierno tibio provocó una gran ruptura en el PAN, entre quienes querían sacudir el aparato y quienes ya se habían acomodado en el nuevo *statu quo*. Felipe Calderón era de los primeros, y por eso renunció al gabinete, para iniciar su carrera por la presidencia. Sin apoyo del partido ni del gobierno logró imponerse al interior de su partido. Para cuando logra la candidatura, Andrés López, ex jefe del Gobierno de la Ciudad de México, ya estaba adelante en las encuestas, por mucho, como candidato del PRD, el PT y Convergencia. Fue una campaña brutal. El candidato López pensaba que tenía la presidencia en sus manos y decidió no ir a los debates, no acudir a ningún foro que pudiera ser incómodo y hacer una campaña llena de insultos y carente de contenido. Esto dilapidó su ventaja y perdió la elección por 240 mil votos. Desde la noche de la elección, acusó de un fraude que nunca pudo probar y desconoció la presidencia de Felipe Calderón. El país quedó brutalmente dividido entre quienes creían la patraña del fraude y quienes pedían que se respetara el voto y la elección organizada por un IFE de enorme prestigio nacional e internacional. Nunca logró probar ni el más mínimo vestigio de fraude sistémico, pero no le importó. En noviembre de 2006, López se declaró "presidente legítimo" en el Zócalo y partió al país en dos.

Felipe Calderón, 2006-2012

El presidente de las tempestades

Desde la toma de posesión, su gobierno fue una pesada cuesta ascendente. Felipe Calderón tuvo que entrar escondido al recinto de la Cámara de Diputados y ser llevado entre empujones al podio central del pleno para poder hacer el juramento que lo convertiría en presidente de México. El PRI habría sido fundamental para reconocer el resultado electoral y para lograr la toma de posesión, y los cobraría carísimo durante todo el sexenio. Sin mayoría en ninguna de las cámaras del Congreso de la Unión, ni en las gubernaturas estatales, ni en los congresos locales, ni en las presidencias municipales, y peleado con la mitad de su propio partido, inició su sexenio.

Para dar un golpe de autoridad y legitimidad, el presidente decidió convertir la lucha contra el crimen organizado en el eje de su sexenio. Había tres problemas fundamentales que harían de esto un trágico legado. El primer problema fue que desde el gobierno de Fox los gobernadores y presidentes municipales se habían desentendido por completo del combate al crimen, organizado y desorganizado, y, así, el lanzamiento del grito de guerra lo dejaría solo en esta titánica empresa. El segundo problema fue que nunca se evaluó la brutal corrupción que existía en todo el aparato de seguridad, vigilancia y justicia, lo que provocó que esta

"guerra" se peleara con un gobierno invadido de cáncer, que permitía constantes derrotas judiciales que poco a poco iban frustrando a los buenos servidores públicos y a la ciudadanía. El tercer problema es que no contaba con apoyo político, a veces ni de su partido, para hacer las grandes reformas que se requerían: fortalecer el sistema de seguridad, fiscalización y justicia, que le permitieran una batalla más equilibrada contra los grandes cárteles de México. Todo esto provocó un terrible aumento en la violencia, que no parecía justificado, gracias a las constantes derrotas judiciales, que permitían impunidad a quienes la provocaban. La paciencia de la ciudadanía se acababa poco a poco, alentada por los partidos de oposición que no tenían empacho alguno en utilizar la violencia como herramienta político-electoral.

En 2008-2009 se vino la crisis económica mundial más profunda de la historia. A pesar de que México fue considerado uno de los países que mejor manejó su impacto, por la enorme inversión pública en infraestructura, la disciplina fiscal y la salud del sistema financiero, entre otros elementos, el impacto político electoral no se hizo esperar.

En las elecciones intermedias de 2009, el PAN perdió una cantidad importante de asientos en la Cámara de Diputados, varias gubernaturas estatales, congresos locales e importantes presidencias municipales. Esto provocó el fortalecimiento de una oposición que decidió debilitar de manera permanente al Gobierno federal, a través del presupuesto de egresos, y fortalecer de forma definitiva a los Gobiernos locales y municipales, sin control ni fiscalización alguna.

Para colmo, en 2009 surgiría la pandemia del virus conocido como H1N1, que demandó una enorme energía política y muchos recursos públicos. La comunidad

internacional reconoció el buen manejo de esta pandemia, pero el costo interno fue enorme.

Con ingresos públicos muy golpeados por la crisis económica internacional y recortes permanentes en el presupuesto de todo el Gobierno federal, el margen de acción se hacía cada vez más pequeño. Esto desató una anticipada lucha por la candidatura del PAN desde el gabinete, y una profunda división en el gobierno y el partido.

Con candidatos muy pequeños y una división interna muy evidente, el PAN generó muy poca confianza en empresarios e inversionistas, quienes pronto empezaron a buscar alternativas. Encontraron en Enrique Peña, exgobernador del Estado de México, una alternativa joven, atractiva y capaz de unir al PRI para evitar la llegada de López al poder. Así llenaron de dinero la campaña priista y volcaron a redes y medios de comunicación la promoción de un candidato que vendieron como la refundación del PRI. Enrique Peña ganó por casi tres millones de votos y mandó a la candidata del PAN, partido en el gobierno, a un deshonroso tercer lugar. El candidato López había logrado un importante segundo lugar, con 15 millones de votos, lo que mantendría abierto su tercer intento.

JELIPEITOR

URGENCIAS

REFORMAS

Enrique Peña, 2012-2018

El guapo inútil

Con toda la confianza del sector privado y una renovada energía del PRI, Peña Nieto no gastó tiempo. Desde la transición creó un gabinete de prestigio y amplia trayectoria política. No perdió tiempo en celebraciones y poco a poco tejió los acuerdos que le permitirían presentar el Pacto por México, al día siguiente de su toma de posesión. Se trataba de un acuerdo político entre el PRI, el PAN y el PRD para crear, diseñar y aprobar las grandes reformas estructurales que el país requería. Las tres reformas más importantes fueron creadas y aprobadas en tiempo récord. Se trataba, primero, de una muy importante reforma en materia de telecomunicaciones que abriría el mercado, pondría orden en los poderosos actores de este sector y generaría enormes beneficios para el consumidor. Segundo, de una compleja reforma fiscal que mejoraría sustancialmente la capacidad del Estado para obtener ingresos y ampliar el margen de maniobra del gobierno. Y, la más trascendente, una reforma energética que, finalmente, abriría el mercado de energéticos en México a inversionistas privados mexicanos y extranjeros, crearía órganos reguladores autónomos y convertiría a Petróleos Mexicanos (Pemex) y a la CFE en empresas productivas del Estado. Estas tres reformas habían sido intentadas sin éxito por sus tres antecesores, lo que lo convertía

PROMETEANDO

autor
de los
problemas

en un gran negociador, a los ojos de propios y extraños.

Así, sus primeros dos años fueron marcados por el éxito político, la unidad, la capacidad de negociar y el control de la narrativa.

Dos eventos cambiaron por completo la narrativa y el curso del sexenio. Primero, en septiembre de 2014, 43 jóvenes de la Escuela Rural de Ayotzinapa desaparecieron en Iguala, Guerrero. Aún en la actualidad, se desconoce exactamente qué sucedió, pero, desde entonces, las distintas fuerzas políticas y sociales opuestas al Gobierno federal lograron crear la narrativa de "Fue el Estado", generando una responsabilidad política que nunca se pudo quitar.

El segundo evento que descarriló el sexenio fue el escándalo que se dio a conocer en noviembre de ese mismo año. El escándalo de la "Casa Blanca" implicaba que la corrupción

52

53

estaba presente en el primer círculo presidencial: la primera dama había recibido, durante la transición, una casa en Lomas de Chapultepec, valuada en 86 millones de pesos, de manos de un contratista del Gobierno del Estado de México, que ahora estaba encargado de uno de los proyectos más importantes del gobierno, el tren México-Querétaro, además de varios contratos más. El escándalo fue pésimamente manejado, el proyecto del tren fue cancelado en condiciones oscuras y el gobierno ya no pudo cambiar la imagen de corrupción que lo persiguió hasta el final.

A esta nueva narrativa contribuyó de manera muy importante un sinnúmero de escándalos de corrupción de parte de miembros del gabinete, gobernadores y presidentes municipales priistas, así como un movimiento social histórico conocido como la Ley 3 de 3, que no solo explicó a la sociedad, de manera sencilla y entendible, el fenómeno de la corrupción, sino que logró pasar la primera iniciativa ciudadana en el Congreso, además de varias leyes nuevas que crearon el Sistema Nacional Anticorrupción.

En paralelo al fenómeno de la corrupción y la impunidad, en 2015 inició un brutal repunte de la violencia que llevó los homicidios a su máximo en un sexenio, con 156 mil al final de 2018.

Estos dos fracasos de gobierno le regalaron los dos temas más importantes a la tercera campaña presidencial de Andrés López. Frente a un débil e impopular candidato del PAN que había dividido a su partido, y un candidato priista que nunca pudo superar la toxicidad del partido, el candidato de Movimiento de Regeneración Nacional (Morena) arrasó en la elección presidencial. Pero, además, el fracaso electoral de los otros partidos le otorgaba el Congreso más cómodo en la era democrática, con una enorme mayoría de su partido y aliados. Por primera vez reconocía una elección presidencial como legítima y respetaba los resultados. Desde el día siguiente a la elección, ya gobernaba, en la práctica, al país y tomaba todo tipo de decisiones. Empresarios y organizaciones se plegaron rápidamente al nuevo gobierno, e inició su mandato.

1. El Estado

El distribuidor y administrador del poder

¿Qué es el Estado?

El Estado es el conjunto de leyes, instituciones y personas que dan cauce ordenado y regulado al ejercicio del poder. Es ese monstruo enorme, artificial, creado por los hombres de un territorio para que el poder tenga un administrador principal, sometido a reglas específicas, y con el encargo central de cuidarnos a unos de los otros y resguardar nuestros derechos.

¿Cómo se ve hoy el Estado mexicano?

El Estado mexicano se encuentra en una seria prueba de supervivencia:

1. Se siente desarticulado y descoordinado.
2. Parece desbordado por el poder y ambición de una persona.
3. Resiste con algunas instituciones valientes y autónomas.
4. Se siente ausente en algunas regiones del país.
5. Lo quieren acercar a otros modelos de Estado de la región, de los que hemos querido escapar.

¿Cómo queremos que sea el Estado mexicano?

Estamos a tiempo de construir un Estado:

1   Fuerte, integrado y coordinado.

2   Capaz de contener las ambiciones de poder de cualquier persona que lo quiera capturar.

3   Con instituciones fuertes, autónomas y conformadas por personas leales, íntegras y capaces.

4   Que ocupe todo el territorio y pueda someter a cualquier persona o grupo a la ley.

5   Que se acerque y asocie con otros modelos de Estado que tengan los mismos principios y objetivos.

2. La Constitución

El mapa del Estado

¿Qué es una constitución?

Es el documento que funda un Estado y establece, básicamente, tres cosas:

1. Quién puede crear, ejecutar e interpretar las leyes de un Estado.
2. Cómo pueden crearse, ejecutarse e interpretarse las leyes de un Estado.
3. Cuáles son los límites que tiene el Estado en la creación, ejecución e interpretación de las leyes, es decir, un catálogo básico de derechos fundamentales de las personas.

¿Cómo se ve hoy la Constitución mexicana?

La Constitución mexicana lleva varios años en pugna por convertirse en el referente principal del ejercicio del poder. Tiene varios problemas:

1. Se ha hecho demasiado grande, compleja y específica.
2. Desde su publicación en 1917, todos los gobiernos la han manoseado para dejar su "legado".

65

3. Está llena de buenos deseos, aunque solo debería contener normas jurídicas.
4. Sufre para ser obligatoria.
5. Carece de eje rector, de proyecto único de nación.

En una democracia, ¿cómo debe verse la Constitución mexicana?

Estamos a tiempo de arroparla y adoptarla como nuestra, y así:

1	Hacerla más sencilla, clara y general.
2	Eliminar todo rasgo de legado personal inútil para hacerla atemporal.
3	Dejar solo aquello que sea norma jurídica obligatoria que dé cauce al poder.
4	Fortalecer a los órganos que controlan la regularidad del sistema jurídico y la hacen obligatoria.
5	Darle un eje rector, un proyecto de nación que nos convoque, incluya y enorgullezca a todos.

3. Las leyes

Los instructivos del ejercicio del poder

¿Qué son las leyes?

Se trata de los manuales que aterrizan los grandes preceptos constitucionales y los convierten en instrucciones concretas. Básicamente, hay cinco tipos de leyes:

1. Las que detallan el contenido de un derecho y su ejercicio.
2. Las que crean órganos con funciones y facultades concretas.
3. Las que instituyen obligaciones y responsabilidades.
4. Las que establecen procedimientos para la toma de decisiones o resolución de conflictos.
5. Las ocurrencias de diputados y senadores.

¿Cómo se ven las leyes mexicanas hoy?

Hoy los mexicanos enfrentan un océano de leyes, códigos y normas que abruman a cualquiera porque:

1. Son demasiadas, están desarticuladas y llenas de incongruencias.
2. Las leyes se han convertido en la salida fácil de un político a cualquier problema.
3. El Congreso de la Unión está conformado por amateurs legislativos con poca capacidad de entender y articular el bosque completo de leyes.
4. Hay demasiados grupos de poder privado influyendo en el ejercicio legislativo.
5. Hay poca responsabilidad de parte de los partidos políticos en aquello que incluyen en las leyes.

En una democracia, ¿cómo deben verse las leyes?

Necesitamos poner a dieta al sistema jurídico mexicano:

1	Menos leyes, más claras y articuladas.
2	Leyes que provoquen buenas instituciones, procedimientos, decisiones y políticas públicas.
3	Leyes creadas por profesionales que tengan la capacidad de ver y entender el sistema jurídico completo para articularlo antes de crear una nueva ley.

4	Grupos de poder privado que influyan en las leyes de manera abierta, transparente y bien regulada.
5	Partidos responsables que se hagan cargo de aquello que establecen en las leyes.

4. Las convenciones y tratados internacionales

Las reglas del juego global

¿Qué son las convenciones y tratados internacionales?

Las convenciones internacionales son las leyes globales acordadas por los países del mundo o de una región en grandes foros mundiales. Se trata del régimen internacional que pretende poner orden en las relaciones entre países y regular de manera mínima temas esenciales como los derechos humanos, el comercio, la guerra y el ejercicio del poder.

Los tratados internacionales son los acuerdos bilaterales o multilaterales, entre dos o más países, que se someten a reglas específicas en temas que les son comunes.

¿Cómo se ven hoy las convenciones y los tratados internacionales en México?

Para el presidente en turno, el mundo es un espacio apartado, ajeno al México aldeano que cree gobernar, y por eso:

1. Nuestro país está lejos de los grandes foros globales donde se discuten los grandes temas.
2. El canciller es un precandidato a la presidencia con funciones de gestor de pipas de gasolina y vacunas.
3. Las grandes convenciones son desconocidas al hacer leyes y al aplicarlas.
4. Los tratados firmados por nuestro país son desperdiciados todos los días.
5. Se ejercen acuerdos oscuros y poco claros con países autoritarios y populistas.

En una democracia, ¿cómo deben verse las convenciones y los tratados internacionales?

Queremos ser parte activa de las grandes discusiones y decisiones del mundo, y por eso debemos:

1	Regresar de manera proactiva a los grandes foros.
2	Regresar al prestigio y alto nivel que tenía nuestra diplomacia.
3	Convertir las convenciones internacionales en las guías centrales de nuestra legislación para generar confianza en el mundo.

4	Aprovechar los tratados que tenemos firmados con los socios que valen la pena.
5	Alejarnos de los socios indeseables y romper todo pacto que no se adapte a la Constitución y las leyes de México.

5. El gobierno

Los administradores temporales del poder

¿Qué es el gobierno?

Se trata de los administradores pasajeros de los poderes ejecutivos municipales, locales y federales. El gobierno es el conjunto de personas que ejercen las funciones y facultades concedidas por la Constitución y las leyes a los órganos que encabezan para cumplir con las promesas y los proyectos que ofrecieron en la campaña electoral que los llevó al cargo. En las democracias los gobiernos son temporales, limitados por el sistema jurídico, controlados y vigilados por diversos órganos que cuidan la regularidad de sus decisiones, y están obligados a ejercer los recursos públicos con miras al bien común y a rendir cuentas completas de cada una de sus decisiones.

¿Cómo se ven hoy los distintos gobiernos?

La idea de gobierno está completamente descompuesta y desligada de la sociedad que los elige y los principios democráticos básicos que deberían sostenerlos:

1. Los gobiernos parecen agencias de colocación y empleo para personajes útiles y cercanos al grupo que ganó la elección.

2. La experiencia, la técnica, la capacidad y la solvencia ética son lo menos importante para integrar estos aparatos administrativos.
3. El ejercicio del poder con miras a dar resultados concretos y transformar para bien la vida de los ciudadanos parece ser la última prioridad.
4. La transparencia y la rendición de cuentas son tratadas como imposiciones externas que se cumplen a regañadientes, de manera superficial, incompleta y sin consecuencias reales.
5. La ciudadanía se siente lejana, impotente y sin canales eficaces para colaborar, sugerir, opinar y establecer prioridades.

En una democracia, ¿cómo deben verse los distintos tipos de gobierno?

Contar con buenos gobiernos es posible. A pesar de la descomposición de la política en general, hemos tenido algunos ejemplos parciales que nos dan pistas sobre cómo lograrlo:

1
Necesitamos gobiernos integrados por personas capaces técnicamente, con experiencia de gobierno y, sobre todo, solvencia ética que pueda generar confianza en sus gobernados.

2 Los gobiernos deben ser instituciones públicas diseñadas para dar resultados y transformar para bien la calidad de vida de sus gobernados.

3 Sus integrantes deben ser personas que sientan el orgullo del servicio público y sean capaces de entender sus funciones y sus facultades, así como sus límites y responsabilidades.

4 La transparencia y la rendición de cuentas deben ser funciones normales, internas, completas y cotidianas de todo servidor público para generar puentes con la ciudadanía.

5 La ciudadanía debe ser activa y corresponsable del control y la vigilancia de su gobierno para poder colaborar en el diseño y la ejecución de mejores políticas públicas.

6. El federalismo

Cuatro formas de ordenar el poder

¿Qué es un sistema federal?

Se trata de una fórmula constitucional para repartir distintas funciones y facultades del Estado mexicano en diferentes órdenes de gobierno para su mejor ejercicio y ejecución. En México tenemos cuatro órdenes de gobierno: el constitucional o nacional, el federal, el estatal y el municipal. El orden constitucional regula la actuación de los órganos autónomos y los procesos establecidos en la Constitución. El orden federal regula la actuación, funciones y facultades de los tres poderes federales y los diversos órganos que dependen de estos. El orden estatal es el que se construye en cada entidad federativa y regula las funciones no reservadas a los funcionarios federales. El orden municipal es el que regula las funciones y la actuación de los ayuntamientos, que son los órganos de gobierno de los municipios.

¿Cómo se ve hoy el sistema federal en México?

A pesar de las ambiciosas reformas a los artículos 115 y 116 constitucionales en la década de 1990, que dotaban de autonomía a las entidades federativas y los municipios, seguimos lejos de un verdadero sistema federal en el que cada orden de gobierno haga sus funciones con eficacia y responsabilidad:

1. Las entidades federativas y los municipios siguen dependiendo de los recursos federales para su supervivencia y la ejecución eficaz de sus funciones.

2. Los gobernadores en funciones han decidido plegarse políticamente al presidente en turno para obtener recursos y evitar persecuciones judiciales.

3. La rendición de cuentas y el control de los recursos es casi inexistente porque los aparatos de control y vigilancia permanecen capturados por los Gobiernos locales, y así los escándalos de corrupción son permanentes y crecientes.

4. La violencia y la delincuencia organizada han provocado que los Gobiernos estatales y municipales renuncien a su responsabilidad de proveer seguridad y se someten, sin límites claros, al control y la coordinación federal.

5. Los congresos estatales suelen ser apéndices de los gobernadores en turno, y por eso renuncian a sus funciones de revisión, vigilancia, control y exigencia de cuentas claras.

En una democracia, ¿cómo debe verse el sistema federal?

Un sistema federal fuerte y eficaz podría generar equilibrio, contrapesos, control del poder, diversidad política y mayor cercanía con los ciudadanos si lo reconstruimos a partir de cinco ejes:

1 Un federalismo fiscal que genere recursos suficientes y constantes para cada orden de gobierno.

2 Gobiernos locales y municipales fuertes que tengan la capacidad de ejercer sus propias funciones sin la necesidad de plegarse a otros gobiernos.

3 Un sistema nacional de control y vigilancia de los recursos públicos que genere claridad de su ejercicio y resultados, y que produzca consecuencias concretas por ineficacia, malos manejos y corrupción.

4 Un sistema de coordinación entre todos los órdenes de gobierno que genere inteligencia, capacidades y recursos para la contención y control de los distintos tipos de violencia, y obligue a cada orden de gobierno a ejercer sus funciones con responsabilidad.

5 Congresos estatales autónomos políticamente que ejerzan su función de contrapeso, de vigilancia y de control de los recursos y funciones de los Gobiernos locales.

7. Las entidades federativas

Las 32 partes de la federación

¿Qué es una entidad federativa?

Se trata del orden de gobierno local organizado a través de su propia constitución, que regula los poderes Ejecutivo, Legislativo y Judicial de la entidad, así como sus órganos autónomos. De acuerdo con la fórmula residual de la Constitución nacional, las entidades federativas pueden hacer todo lo que no esté reservado a la Federación. Así, todo lo que no sea facultad exclusiva del orden federal puede estar contenido en una constitución local como forma de organizar el poder en su territorio. En México tenemos 31 estados y la Ciudad de México, que es, además, la sede de los poderes federales.

¿Cómo se ven hoy las entidades federativas?

Durante más de 70 años, los 31 estados y el entonces llamado Distrito Federal fueron apéndices del poder central, que los controlaba política y presupuestalmente. Desde el año 2000, han tratado de encontrar su vocación e independencia, pero tienen varios problemas:

1. No han logrado crear sus propias fuentes de ingresos y por eso suelen ser rehenes de la Secretaría de Hacienda federal.
2. Carecen de capacidad propia para mejorar sustantivamente temas sociales esenciales, como la seguridad, la salud o la educación, y por eso se desgastan de forma política muy pronto.
3. Capturan con facilidad los diversos órganos de auditoría, fiscalización e investigación para gozar de impunidad por actos ilegales durante su sexenio y al finalizar este.
4. A pesar de que en algunos estados empieza a vivirse el equilibrio de la división de poderes, en otros es evidente y peligrosa la captura de los aparatos legislativos y judiciales por parte del gobernador en turno.
5. La imposibilidad para reelegir a los gobernadores, aunque sea para un periodo, ha provocado que muchos de ellos abandonen sus proyectos locales, antes de que concluyan sus periodos, para buscar aventuras políticas nacionales.

En una democracia, ¿cómo deben verse las entidades federativas?

Aunque es imposible un desarrollo homogéneo y lineal en 32 territorios, con condiciones muy distintas entre sí, nuestra Federación se vería muy beneficiada si las entidades buscaran permanentemente:

1. Contar con ingresos propios, suficientes, obtenidos de manera justa y equitativa, que los liberara de las cadenas presupuestales con el Gobierno federal.

2. Mejorar las capacidades humanas, funcionales y administrativas de sus instituciones de seguridad, salud, educación y otros temas esenciales para mejorar la vida de sus poblaciones sin depender de los programas federales.

3. Consolidar la autonomía y eficacia de los órganos de auditoría, fiscalización e investigación para controlar y vigilar permanentemente la actuación de todos los servidores públicos, hacerlos rendir cuentas y generar consecuencias para aquellos que violan las leyes.

4. Consolidar la división de poderes, desde el plano legal, humano, político y funcional, para generar equilibrios y contrapesos reales que promuevan el desarrollo de las entidades.

5. Rendir cuentas como ejercicio permanente de control ciudadano, durante los periodos de gobierno, para hacer de la posibilidad de reelección una forma de crear vínculos positivos con la ciudadanía y generar carreras políticas locales de largo alcance.

8. El municipio

El gobierno cercano a la gente

¿Qué es el municipio?

Se trata del orden de gobierno más cercano a las personas, el que atiende sus necesidades inmediatas, como el agua, la basura, las calles, los parques o la seguridad, y además organiza la vida comunitaria cotidiana. Los municipios son gobernados por un Ayuntamiento de elección popular directa, integrado por un presidente municipal y el número de regidores y síndicos que la Constitución y la ley de la entidad determinen. Se trata también del orden de gobierno más diverso, pues existen municipios en los que habitan algunos cientos de personas, poco concentradas, y otros en los que habitan millones, con alta concentración. Hay 2 mil 471 municipios en todo el país, con muy distintas capacidades y diferentes modelos administrativos, para el ejercicio del gobierno. Oaxaca tiene 570 municipios, Baja California Sur cuenta con cinco.

¿Cómo se ven hoy los municipios?

Por décadas fueron unidades administrativas con poco poder, poco dinero y muy poca autonomía. Fue hasta la gran reforma constitucional de 1999 que adquirieron autonomía en el ejercicio de sus funciones y su propio presupuesto, así como facultades exclusivas. En estos 23 años, el desarrollo ha sido desigual y muy diverso:

1. Por un lado, tenemos pequeños municipios con muy pocos recursos y muy limitada capacidad de mejorar la vida de sus ciudadanos, y, por el otro, enormes estructuras administrativas con mucho dinero y poder.
2. Unos dependen casi por completo de la buena voluntad del Gobierno estatal y los programas federales, y otros han encontrado fuentes enormes y muy sustentables de ingresos propios.
3. Algunos han logrado profesionalizar y capacitar a una buena base de servidores públicos profesionales, y otros se sostienen mediante vecinos con buena voluntad, pero muy poca experiencia y preparación.
4. Unos han conseguido crear cuerpos profesionales y eficaces de policía, y otros ejercen esta función con personal mal pagado, poco equipado y vigilado.
5. Existen unos que han logrado crear planes ambiciosos y a largo plazo en temas como la urbanización, la infraestructura o el desarrollo económico, y otros que toman decisiones poco sustentadas, poco planeadas y a corto plazo en estos temas cruciales.

En una democracia, ¿cómo deben verse los municipios?

No puede haber un modelo homogéneo, dada la enorme diversidad, pero existen características esenciales que podrían ser parte de un diseño genérico:

1 Estructuras administrativas con funciones claras y adecuadas a las necesidades del lugar, que procuran sus propios ingresos y aprovechan eficazmente aquellos que vienen de los otros órdenes de gobierno.

2 Integrados por cuerpos profesionales, estables y bien remunerados de servidores públicos que reciben capacitación permanente.

3 Vigilados por organismos federales, estatales y municipales de control y auditoría para asegurar el debido ejercicio de sus funciones y la adecuada utilización del presupuesto.

4 Integrados a sistemas digitales de contrataciones públicas, finanzas, manejo de los recursos públicos, así como sistemas de inteligencia para la seguridad pública.

5 Planeados para ser sustentables en el mediano y largo plazos, y para mejorar la vida de sus pobladores actuales y la de sus futuros ciudadanos.

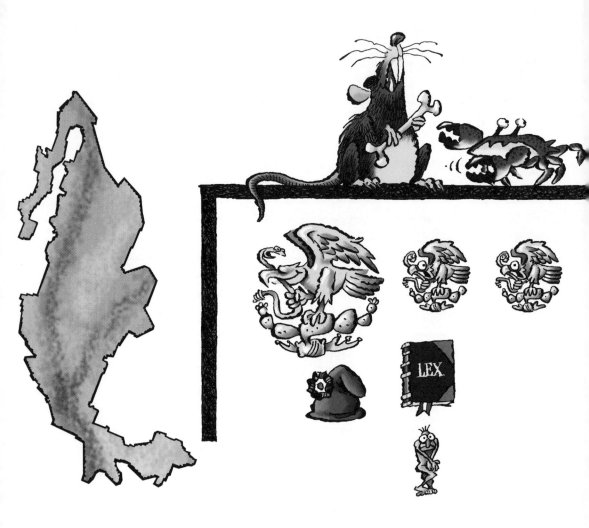

9. La división de poderes

El seguro anticoncentración

¿Qué es la división de poderes?

Surge hace varios siglos como un concepto vocacional de cada poder: el Poder Legislativo hace leyes, el Ejecutivo las aplica y el Judicial las interpreta. Es decir, el foco era el tipo de funciones que ejercían. El concepto moderno es una evolución de este, y se refiere a la autonomía de la que deben gozar los órganos de cada poder en el ejercicio de las funciones que la Constitución y las leyes de su país les confieren, y la capacidad para establecer límites claros. Así, no importa la naturaleza de la función, sino que se encuentre conferida por la Constitución a un órgano específico que no se confunda con un órgano de otro poder y que pueda ejercerlas de manera plena y sin interferencias, además de que existan instancias que logren dirimir las controversias sobre la invasión o la apropiación indebida de funciones.

¿Cómo se ve hoy la división de poderes?

Durante casi siete décadas, se trataba simplemente de un concepto nominal de la Constitución, pero inexistente en el ejercicio del poder real en México. A partir de 1997, con la primera Cámara de Diputados sin mayoría del partido gobernante, los poderes Ejecutivo y Legislativo inician el camino de la separación y, con la reforma al Poder Judicial de 1994, este inicia su independencia de ambos. Sin embargo, hoy vivimos una regresión:

1. El actual titular del Poder Ejecutivo desconoce sistemáticamente las resoluciones del Poder Judicial que le son adversas y, en lugar de controvertirlas por la vía legal, señala y acusa a los juzgadores desde el plano político y personal.
2. Existe una peligrosa cercanía entre el presidente de la República y el presidente de la Suprema Corte de Justicia de la Nación, órgano al que, además, han sido incorporadas tres personas de probada lealtad con el titular del Ejecutivo.
3. Las cámaras de Diputados y Senadores, de mayoría del partido en el poder, se han convertido en simples apéndices del titular del Ejecutivo, en las que se discute y analiza muy poco, se le aprueba todo y hasta se le cantan las mañanitas al presidente desde la mesa directiva del órgano.
4. En las entidades federativas se repiten los mismos vicios que en el orden federal, que se agravan con las precarias clases políticas locales, que siempre están volteando a la política nacional.
5. Las oposiciones se han quedado sin una misión y vocación clara, y así facilitan la falta de independencia.

En una democracia, ¿cómo debe verse la división de poderes?

Tenemos la oportunidad de regresar al camino de la autonomía de los poderes si:

1   Los poderes Ejecutivo y Legislativo refrendan permanentemente su compromiso de mantener la regularidad constitucional a través del respeto absoluto a las decisiones del Poder Judicial.

2   Los titulares de los poderes logran mantener una relación institucional que ponga siempre por encima los mejores intereses del Estado y deje a un lado los personales.

3   Las cámaras del Congreso de la Unión y las locales encuentran su vocación de representantes de su electorado por encima de sus filiaciones políticas.

4   Se promueve la generación de vocaciones políticas locales que consoliden la democracia en los estados.

5   Las oposiciones en los distintos órdenes de gobierno reencuentran su vocación de contrapeso y equilibrio del poder.

10. El Poder Ejecutivo

El que hace cumplir la ley

¿Qué es el Poder Ejecutivo?

Se trata del poder que comprende las distintas facultades que se requieren para hacer que las leyes de nuestro país se cumplan y para hacer que los mexicanos puedan ejercer plenamente sus derechos. En un sistema presidencial como el nuestro, este poder se deposita en una sola persona: el presidente. Este se auxilia, para cumplir sus funciones, de un aparato llamado la Administración pública o el Gobierno, que dirige y coordina. El presidente dura seis años en su encargo y no puede reelegirse. Designa y remueve a la mayoría de los titulares de las dependencias y entidades del Gobierno, y se hace responsable de sus acciones. Para asumir el cargo, el presidente jura guardar y hacer guardar la Constitución y las leyes que de ella emanen. Es el jefe del Estado, y así nos representa a todos frente a otros estados.

¿Cómo se ve hoy el Poder Ejecutivo?

Por más de siete décadas se trató del poder dominante, tanto del Estado como del sistema político mexicano. Con la transición a la democracia, diversos actores, órganos e instituciones públicas y privadas provocaron la redistribución y descentralización del poder. Los otros dos poderes del Estado asumieron su posición de igualdad, y los órdenes de gobierno locales y municipales han ganado, poco a poco, su independencia. Parecía que México se encaminaba, aunque lento y a veces bruscamente, a una democracia de pesos y contrapesos. La llegada de este gobierno parece haber cambiado el rumbo:

1. El presidente en turno parece creer que la Constitución y las leyes son meras recomendaciones que puede atender o no, tanto en términos de los límites a su poder como respecto a las obligaciones a las que está sometido.
2. Hay un claro intento de concentrar de vuelta el poder en la oficina del presidente en detrimento no solo de los órganos de su gobierno, sino en perjuicio de los otros poderes y órdenes de gobierno.
3. La integración de su administración tiene como criterio primordial la lealtad ciega al presidente, en lugar de la experiencia, la capacidad, la integridad, la preparación y la habilidad para tomar buenas decisiones.
4. Así, lo importante en este gobierno no es la generación de buenos resultados, a través de buenas políticas públicas, que permitan el pleno ejercicio de los derechos fundamentales, sino la obtención y conservación de más y más espacios de poder, con el único objetivo de tenerlos y abusar de ellos.
5. El gobierno en turno se ha convertido en el principal generador de división entre los mexicanos, mediante etiquetas artificiales y caprichosas, lo que genera una enorme pérdida de energía social para resolver en conjunto los problemas de todos.

En una democracia, ¿cómo debe verse el Poder Ejecutivo?

1 Ser el ejemplo y garante principal de la Constitución y las leyes para convertirse en el eje de la creación de un verdadero Estado democrático de derecho.

2 Ser el primero en promover y respetar la división de poderes para crear un contexto político de equilibrio y contrapesos que genere inclusión y estabilidad.

3 Ser el creador de un gobierno moderno, basado en la técnica, integrado por personas capaces, con experiencia, íntegras y eficaces, que busquen siempre promover el pleno ejercicio de los derechos fundamentales de todos los mexicanos.

4 Ser el líder de un aparato administrativo que desarrolle bienes y servicios de calidad, y políticas públicas que mejoren objetivamente la vida de las personas y de las familias mexicanas.

5 Ser el puente y el factor de unidad entre diversas personas, grupos, regiones y países para aprovechar al máximo la energía de una sociedad que trabaja en conjunto para crear un país en el que estén incluidos todos.

11. El Poder Legislativo

Los creadores de las leyes

¿Qué es el Poder Legislativo?

Se trata del poder depositado en un órgano llamado Congreso de la Unión, que se divide en dos cámaras, la de Senadores y la de Diputados. La Cámara de Senadores se compone de 128 personas: 64 electos por la vía de mayoría relativa, dos por cada entidad federativa; 32 por la vía de primera minoría, que se asigna al primer lugar de la fórmula de candidatos del partido que haya quedado en segundo lugar en la entidad, y 32 por la vía de la representación proporcional, respecto de la votación nacional. Todos electos por seis años, con una posible reelección inmediata. La Cámara de Diputados se compone de 500 personas: 300 electas por mayoría relativa en el mismo número de distritos y 200 por la vía de representación proporcional en cinco circunscripciones. Duran tres años en su encargo, y pueden ser reelectos hasta tres veces de manera inmediata. Las cinco facultades más importantes que asigna la Constitución al Poder Legislativo son:

1. La creación de leyes, por ambas cámaras, en actuación sucesiva.
2. La aprobación de la ley que regula los ingresos de la federación.

3. La aprobación del Presupuesto de Egresos y la evaluación de la Cuenta Pública de la Federación (facultades exclusivas de la Cámara de Diputados).
4. La evaluación de la política exterior y ratificación de convenios y tratados internacionales (facultad exclusiva de la Cámara de Senadores).
5. La designación de servidores públicos a distintos órganos del Estado (ambas cámaras).

¿Cómo se ve hoy el Poder Legislativo?

A partir de 1997, cuando el PRI perdió la mayoría absoluta en la Cámara de Diputados, el Poder Legislativo se convirtió en la plataforma de transformación del país. Con altibajos, las grandes discusiones y cambios a la forma y funciones del Estado surgían de este poder. Hoy está en una severa crisis:

1. Ambas cámaras están capturadas por una mayoría servil y sometida al titular del Poder Ejecutivo, y así renunció a su función de contrapeso.
2. Se hace muy poco análisis de las iniciativas de reformas constitucionales y legales que envía el presidente, y las discusiones en las comisiones y en el pleno, lejos de eliminar defectos o mejorar su contenido, se refieren a posturas políticas genéricas y poco útiles.
3. Las funciones de análisis, discusión y modificación del presupuesto, facultad esencial de equilibrio en el Estado, han sido cedidas por completo al secretario de Hacienda del gobierno.

4. La función básica de análisis y revisión de la Cuenta Pública, para generar responsabilidades en el ejercicio del presupuesto y provocar mejoras, es hoy casi inexistente.

5. La revisión de perfiles y el examen debido a las capacidades de personas que propone el presidente para ocupar cargos de alta relevancia se convirtió en una inútil pasarela de bendición.

En una democracia, ¿cómo debe verse el Poder Legislativo?

Ninguna democracia funciona sin equilibrio de poder y contrapesos reales. Para eso necesitamos:

1	Cámaras más diversas, integradas con legisladores profesionales que respondan a su electorado, más que al presidente o a sus dirigencias partidistas, y asuman la responsabilidad de crear leyes que le sirvan al país.
2	Cámaras que asuman la responsabilidad de armonizar y mejorar la calidad de las leyes que conforman el sistema jurídico mexicano para que este sirva a las causas de la justicia, la equidad, el desarrollo y la unidad.

3	Cámaras que asuman su responsabilidad principal de crear fuentes justas y suficientes de ingresos, y distribuirlos de la mejor manera para provocar desarrollo y crecimiento.
4	Una Cámara de Diputados que asuma su responsabilidad de revisar profunda y puntualmente el ejercicio de los recursos públicos para asignar responsabilidades concretas y mejorar la eficiencia del gasto.
5	Cámaras que asuman de manera completa la responsabilidad de evaluar a las personas propuestas para distintos cargos, con el fin de escoger solo a las que sean realmente idóneas para encabezarlos.

12. El Poder Judicial

Los garantes de la ley

¿Qué es el Poder Judicial?

El Poder Judicial de la Federación se deposita en la Suprema Corte de Justicia, en un Tribunal Electoral, en Tribunales Colegiados y Unitarios de Circuito y en Juzgados de Distrito. Se trata del poder que permite a estos órganos la interpretación de la Constitución, las leyes, las normas administrativas y la constitucionalidad de los actos del gobierno. También es el poder que otorga la facultad de dirimir controversias entre particulares, entre particulares y el gobierno, entre órganos del gobierno, y entre distintos poderes y órdenes de gobierno. Se trata de la línea final de defensa de un Estado democrático de derecho porque es aquí donde se contiene el abuso del poder, se definen sus límites específicos y se protegen los derechos fundamentales de las personas. Por esto, académicos y personajes políticos de diferentes épocas lo han definido como el pilar esencial de la democracia moderna.

¿Cómo se ve hoy el Poder Judicial?

Desde la reforma constitucional de 1994, el Poder Judicial ha ganado, poco a poco, autonomía de los otros dos poderes, independencia en sus decisiones, profesionalismo en sus integrantes, y mayor eficiencia en el manejo de sus recursos. Este es un proceso largo, con avances y retrocesos, que se debe vigilar. Hoy tiene varios retos:

1. Se encuentra bajo ataque y amenaza permanente por parte del presidente de la República, que desprecia la autonomía del Poder Judicial, agrede a sus integrantes por cualquier decisión adversa a sus intereses, y ha pretendido su captura con diversas reformas y nombramientos.
2. Su independencia está bajo amenaza constante porque diversos intereses políticos, económicos y sociales buscan establecer relaciones personales con ministros, magistrados y jueces para obtener influencia y privilegios indebidos.
3. Los miembros de este poder tienen la tentación permanente de jugar a la política a través de sus decisiones, y crear distorsiones en el sistema jurídico.
4. No han logrado crear un sistema anticorrupción lo suficientemente sólido, extenso, eficaz y robusto para evitar las distintas formas de corrupción, como el soborno, el conflicto de interés o el abuso de poder.
5. Aún están lejos de crear una cultura que privilegie la impartición de justicia real y expedita, que vaya más allá del culto a los procedimientos, las formalidades y las jerarquías.

En una democracia, ¿cómo debe verse el Poder Judicial?

Queremos que el Poder Judicial sea el pilar y el defensor permanente de nuestra democracia. Para eso se requiere:

1 Evadir y defenderse institucionalmente de todos los ataques del presidente para crear una frontera clara y permanente, y generar precedentes jurídicos que sirvan para defender la democracia en el presente y en el futuro.

2 Mantener el camino de la independencia a través del sistema de nombramientos basados en el mérito, la competencia abierta y la capacidad técnica, para contar siempre con los mejores ministros, magistrados y jueces capaces de tomar buenas decisiones.

3 Renunciar pública y abiertamente a la tentación de hacer política partidista con sus decisiones, y privilegiar siempre el equilibrio y la regularidad del sistema jurídico.

4 Consolidar la creación de un verdadero sistema anticorrupción que evite, investigue y sancione actos de corrupción de todos y cada uno de sus miembros.

5   Desarrollar una cultura interna que privilegie siempre la impartición de justicia real y expedita, que cumpla con los procedimientos y formalidades debidas, pero nunca sobre la justicia.

13. Los impuestos y el presupuesto

El mal necesario para que haya gobierno

¿Qué son los impuestos y qué es el presupuesto?

En las democracias modernas, los impuestos son el mecanismo solidario y colaborativo que se utiliza para que los ciudadanos sostengan al Estado. A través de leyes, el Congreso define los objetos, servicios o acciones que generan un impuesto, decide el universo de personas que deben pagarlo, los montos o tasas, así como los métodos para pagarlo. Esas leyes habilitan al gobierno para cobrarlo y administrarlo. En una democracia como la nuestra, solo se pueden cobrar impuestos que tengan como destino el gasto público, es decir, la protección de nuestros derechos, así como proveer bienes y servicios públicos. El presupuesto es un acto del Poder Legislativo (en el caso de México es un decreto de la Cámara de Diputados) que cada año le otorga al gobierno el permiso de gastar nuestros impuestos, además de establecer prioridades de gasto, montos por ramo, rubro o proyecto, reglas para la utilización de los recursos, tabuladores de los servidores públicos, y normas que deben utilizarse para cualquier forma de ejercicio de los recursos.

¿Cómo se ven hoy los impuestos y el presupuesto?

Desde mediados de la década de 1990, se han generado reglas, procesos e instituciones que han dado coherencia, orden, estabilidad y mayor eficacia a la recaudación, administración y gasto de nuestros impuestos. La disciplina fiscal se había convertido así en una buena carta de presentación de México, que generaba confianza dentro y fuera del país. En los últimos tres años, esto se ha descompuesto de manera alarmante:

1. Un porcentaje muy pequeño de la población sostiene con sus impuestos todo el aparato de gobierno, sus obras y sus proyectos. Se han hecho muy pocos esfuerzos legislativos y administrativos para ampliar la base y para promover la generación de una economía sustentada en la formalidad que genere más impuestos.

2. El aparato de vigilancia y control que se creó para asegurarse de que todos los mexicanos paguemos lo que debemos se ha convertido en un instrumento de amenaza política y de sumisión de aquellas personas, organizaciones y empresas que son críticas del gobierno.

3. El presupuesto ha dejado atrás el rigor técnico de las últimas dos décadas y se ha convertido en un instrumento sustentado en datos poco confiables, oscuros y que son manipulados con fines políticos.

4. Las prioridades de gasto no son los programas y proyectos más rentables en términos sociales o económicos, sino los caprichos del presidente en turno que le generan rentabilidad electoral.

5. Programas sociales fallidos, obras públicas sin rentabilidad financiera y elefantes blancos, como Pemex, están absorbiendo cantidades obscenas de recursos que nunca recuperaremos.

En una democracia, ¿cómo deben verse los impuestos y el presupuesto?

Tenemos la oportunidad de convertir los impuestos en la herramienta más tangible de corresponsabilidad social y el presupuesto en el instrumento que objetivamente establece la vocación y prioridades del país. Para eso se requiere:

1 Que los impuestos tengan la base más amplia y justa que se pueda para que sea la mayoría de los mexicanos quienes sostengan el poder público y se sientan corresponsables de su ejercicio y resultados.

2 Una autoridad profesional, técnica, seria y justa que administre adecuadamente nuestro dinero y solo sancione a quienes ilegalmente buscan engañar al gobierno.

3 Un presupuesto que vuelva a ser un instrumento técnico, serio, sustentado en datos ciertos y transparentes, que genere guía para todo órgano de Estado y confianza a todos los actores económicos.

4 Un presupuesto que defina las prioridades de gasto con base en criterios objetivos de rentabilidad social y económica, y que maximice el potencial de nuestros impuestos.

5 Una discusión anual de aprobación del presupuesto que sepa identificar programas, proyectos y obras fallidas para redirigir los ingresos a mejores oportunidades de gasto que nos beneficien a todos.

14. La Cuenta Pública

La rendición de cuentas

¿Qué es la Cuenta Pública?

Una de las obligaciones más importantes de un gobierno democrático es la de rendir cuentas sobre el ejercicio del poder de forma periódica, veraz, sustentada y clara. Una de las maneras más tangibles y concretas de rendir cuentas es informar sobre el ejercicio anual de los recursos públicos. La Cuenta Pública es el reporte final, anual, que se compone de todo aquello que informa el gobierno y de las investigaciones, auditorías y revisiones especiales que realiza la Auditoría Superior de la Federación (ASF). Se trata de un informe detallado que busca reflejar el nivel de eficiencia y eficacia en el ejercicio del gasto, y pretende establecer responsabilidades concretas en personas y órganos que hayan utilizado los recursos de manera indebida. Una vez integrado, se somete a consideración de la Cámara de Diputados para que esta haga su función de contrapeso de los otros poderes y nos represente a todos los mexicanos en la vigilancia y control de nuestros recursos.

¿Cómo se ve hoy la Cuenta Pública?

Desde la creación de la ASF en 1999, como órgano autónomo especializado, con funciones constitucionales, dependiente de la Cámara de Diputados, la revisión de la Cuenta Pública dejó de ser una simple función administrativa de la Secretaría de Hacienda y se convirtió en una función constitucional de Estado. En estos 23 años ha habido avances y retrocesos:

1. Con la pluralidad de la Cámara de Diputados desde 1997 se consolidaba, poco a poco, la autonomía, la profesionalización y las capacidades de la ASF como órgano del Poder Legislativo con funciones de Estado. Eso se perdió en 2018 con la mayoría del partido en el poder en la Cámara, que ha tenido sometido a este órgano.

2. La ASF ha permanecido en silencio durante los primeros tres años de este gobierno y ha renunciado a sus funciones de control y vigilancia.

3. La Comisión de Vigilancia de la ASF de la Cámara de Diputados, encargada de dirigir y revisar los trabajos de este órgano, está dominada por el partido en el poder y sus aliados, y por eso no hemos visto un solo reporte que dé claridad sobre el ejercicio del gasto en este gobierno, ni responsabilidades concretas para servidores públicos.

4. La ASF se encuentra dividida entre auditores profesionales, que quieren hacer su labor y ejercer sus funciones, y políticos mediocres incrustados en sus estructuras, que fueron enviados para cuidar al gobierno en turno.

5. La ASF perdió por completo el liderazgo que tenía en el órgano rector del Sistema Nacional Anticorrupción (SNA), para dejarles esa función a los representantes del gobierno.

En una democracia, ¿cómo debe verse la Cuenta Pública?

Para convertirnos en una democracia exitosa, requerimos que la rendición de cuentas sea un ejercicio real, eficaz, claro, independiente y capaz de generar responsabilidades concretas. Solo así lograremos un verdadero equilibrio de poderes y un gobierno funcional. Para eso necesitamos:

1 Una Cámara de Diputados plural que no sea un simple apéndice del gobierno en turno y que pueda regresarle a la ASF su lugar y sus funciones autónomas de vigilancia y control.

2 Una ASF valiente y presente, con servidores públicos íntegros, profesionales y capaces, que ejerzan sus funciones y facultades en representación de los intereses de la nación y no de los intereses de un partido o grupo político.

3 Una Comisión de Vigilancia integrada por diputados de diferentes fuerzas, que tengan clara la misión de representarnos a los mexicanos en la vigilancia del ejercicio de nuestros recursos.

4 Una ASF que retome su liderazgo dentro del SNA y que utilice sus funciones de auditoría e investigación para detectar, investigar y prevenir actos de corrupción.

5

Una ciudadanía que se corresponsabilice en la vigilancia del ejercicio de los recursos públicos, que denuncie cualquier irregularidad y que castigue con su voto a personas y partidos que sean desleales al país.

15. Los órganos autónomos

Los especialistas que cuidan la legalidad y la democracia

¿Qué son los órganos autónomos?

Son las instituciones especializadas del Estado mexicano que no pertenecen a ninguno de los tres poderes clásicos y que son creadas por el constituyente permanente, en algunos casos, y, en otros, por el Congreso a través de leyes especiales, para encargarse de un tema importante que requiere alta especialización, funciones claras de jerarquía constitucional o legal, e independencia de los otros poderes. En México tenemos diversos órganos autónomos, como el Instituto Nacional Electoral (INE), encargado de organizar los procesos electorales y regular la vida de los partidos; el Banco de México (BM), que es el banco de bancos y el encargado de proteger el valor de la moneda mexicana; la Comisión Federal de Competencia Económica (Cofece), encargada de regular a los actores de la economía y cuidar a los consumidores; el Instituto Federal de Telecomunicaciones (IFT), que regula a los actores de las telecomunicaciones y cuida al usuario; el Instituto Nacional de Transparencia, Acceso a la Información y Protección de Datos Personales (INAI), que ve por la transparencia del ejercicio del poder; el Instituto Nacional de Estadística y Geografía (INEGI), encargado de generar y sistematizar información necesaria; el SNA, o la Comisión Reguladora de Energía (CRE), entre otros.

¿Cómo se ven hoy los órganos autónomos?

A partir de la década de 1990, se han incorporado diversos órganos autónomos, con fines y funciones completas en la Constitución y en leyes especiales, con diversos grados de autonomía e independencia, tamaño y estructura, que han sido fundamentales para el desarrollo de la democracia, la economía y, en general, el ejercicio de los derechos fundamentales. La mayoría de estos ha ganado su propio prestigio a través del profesionalismo y especialidad de sus miembros, y por medio de su trabajo y decisiones. Hoy se encuentran amenazados por un gobierno que:

1. Desconfía de las instituciones creadas en sexenios anteriores y que tienen la capacidad de administrar sus propios recursos y ejercer funciones sin permiso o aval del gobierno.

2. Pretende someter a los órganos autónomos a través de la limitación de los recursos públicos y los ahorca con una simulada austeridad.

3. Acusa y señala a los órganos autónomos de manera falsa, sin pruebas y sin mesura alguna, de ser parte de esa inventada, inentendible y adaptable "mafia del poder" que, según afirma, solo pretende golpear a su movimiento.

4. Busca debilitarlos vía reformas constitucionales y legales que limitan, debilitan o descomponen sus funciones y facultades, o que buscan someterlos a la dirección de órganos que pertenecen directamente al gobierno.

5. Pretende someterlos mediante nombramientos a modo de personas que llevan el encargo de ponerlos a disposición del gobierno.

En una democracia, ¿cómo deben verse los órganos autónomos?

La mayoría de estas instituciones han resistido los embates del gobierno. Sin embargo, hay mucho que debemos hacer para que sobrevivan y se fortalezcan:

1 Se debe luchar, desde todos los frentes, contra cualquier reforma constitucional y legal que pretenda debilitarlos, maniatarlos o limitar sus funciones, autonomía o independencia.

2 Debemos luchar por la diversidad política en la Cámara de Diputados, que define el presupuesto federal, para mantener la autonomía y capacidad económica de estos órganos.

3 Debemos exigir que se mantenga la profesionalización, experiencia y especialización de las personas que los dirigen y los integran, y cuidar que no sean capturados por intrusos políticos.

4 Debemos potenciar todas sus capacidades, a través de la utilización de todos los productos y servicios que ofrecen, para hacerlos nuestros.

5 Necesitamos ayudarlos a construir puentes y alianzas con organizaciones ciudadanas mexicanas e internacionales para cuidar su independencia y fortalecer sus funciones.

16. Las Fuerzas Armadas de México

Los encargados de la seguridad nacional

¿Qué son las Fuerzas Armadas de México?

El Ejército y la Fuerza Aérea Mexicanos son instituciones armadas permanentes que tienen las misiones de defender la integridad, la independencia y la soberanía de la nación, garantizar la seguridad interior, auxiliar a la población civil en momentos de necesidades públicas, y en caso de desastre prestar ayuda para el mantenimiento del orden, auxilio de las personas y sus bienes y la reconstrucción de las zonas afectadas. La Armada de México es una institución militar nacional de carácter permanente, cuya misión es emplear el poder naval de la Federación para la defensa exterior, proteger la soberanía de la nación, mantener el Estado de derecho en las zonas marinas mexicanas y colaborar en la seguridad interior del país. El mando supremo de las Fuerzas Armadas es el presidente de la República durante el periodo de su encargo.

¿Cómo se ven hoy las Fuerzas Armadas de México?

Por años, el Ejército, la Fuerza Aérea y la Armada de México han sido instituciones apreciadas, respetadas y queridas por los mexicanos. A diferencia de varias estructuras militares de este continente, que asumieron posiciones políticas y provocaron guerras civiles e inestabilidad, las Fuerzas Armadas de México se han mantenido fuera de la esfera política y bajo un mando civil desde la década de 1950. Por lo menos públicamente, nunca han asumido posiciones partidistas, ni han puesto en duda su lealtad al Estado democrático mexicano. Hoy ese prestigio ganado por décadas de servicio está en peligro, debido a varias razones:

1. El presidente en turno las ha convertido en el único eje responsable de la seguridad interior, no solo como fuerzas que colaboraban con la autoridad civil, sino como mando directo de la Guardia Nacional, que sustituyó a la Policía Federal.
2. Las ha llenado de funciones que no están en la Constitución ni en sus leyes orgánicas, y que las someten a tensiones y riesgos ajenos a su vocación, como la construcción de un aeropuerto y diversas obras públicas de alta visibilidad política, el transporte de medicinas y gasolina, o la administración de los puertos civiles.
3. Por primera vez en décadas, escuchamos al secretario de la Defensa expresar el apoyo público a un proyecto político, y solicitarlo de otros desde su posición de mando y con el uniforme puesto.
4. Desde hace por lo menos tres décadas, se encuentran en constante tensión con las fuerzas del orden civil federales, locales y municipales, así como con las diversas fiscalías, en las tareas de seguridad pública y justicia, sin una ley completa que delimite claramente sus funciones, facultades y obligaciones.

5. Con la desaparición del Fondo Nacional de Desastres Naturales (Fonden), ahora las Fuerzas Armadas tendrán que responder, con sus propios recursos, a futuros desastres provocados por la naturaleza, con toda la tensión, riesgo y responsabilidad que eso implica.

En una democracia, ¿cómo deben verse las Fuerzas Armadas?

Queremos mantener el respeto y cariño a nuestras Fuerzas Armadas, y queremos seguir contando con su lealtad y servicio a México. Para eso necesitamos:

1 Desligarlas poco a poco de la responsabilidad de mantener la seguridad pública en las distintas zonas del país, a través de la reconstrucción de una policía nacional y las locales, con mando civil, que puedan coordinarse, cuando se requiera, con las Fuerzas Armadas.

2 Sacarlas de todas las funciones que no corresponden a su naturaleza institucional y vocación constituciona para evitar riesgos innecesarios y dejar que se concentren en sus funciones de Estado.

3 Exigirles que se mantengan alejadas de la vida político-partidista y sean guardianas de los procesos democráticos dirigidos por las instituciones civiles.

4 Crear una ley completa sobre su función de colaboración en temas de seguridad pública, que establezca claramente sus funciones, facultades, límites y obligaciones.

---

5 Reconstruir el Fonden para tener recursos suficientes y dispuestos para que las Fuerzas Armadas puedan ejecutar con eficacia su labor de cuidar a la población en cualquier reto que surja de la naturaleza, y ayudar en la reconstrucción de las comunidades.

17. Las empresas productivas del Estado

Revivir a los elefantes blancos

¿Qué son las empresas productivas del Estado?

Con la reforma constitucional de diciembre de 2013 se crean las empresas productivas del Estado, que representan un nuevo paradigma en materia energética y de hidrocarburos del Estado mexicano. Esta reforma transformó la naturaleza y el régimen jurídico de Pemex y de la CFE para darles una naturaleza similar a empresas privadas, con actividad empresarial en el ámbito nacional e internacional, con capacidad suficiente para tomar sus propias decisiones y riesgos, con personalidad jurídica y patrimonio propio, autonomía técnica, operativa, presupuestal y de gestión, pero sin dejar de formar parte de la nación. La intención de esta histórica reforma era darles a estos dos elefantes públicos la posibilidad de ser rentables, productivos y competitivos, no solo para dejar de ser una carga en el presupuesto público, sino para cuidar los recursos naturales de los mexicanos y para crear una política energética sustentable y capaz de provocar desarrollo.

¿Cómo se ven hoy las empresas productivas del Estado?

Después de años de descomposición, ineficiencia, burocracia, desfalco y corrupción, Pemex y la CFE parecían encontrar un nuevo camino, destino y una nueva

135

vocación. La reforma energética de 2013 estaba provocando no solo una reestructura administrativa, sino también una nueva visión de negocios y una cultura de eficiencia y productividad. En especial, la CFE empezaba a consolidarse como una empresa más moderna, menos burocratizada, más eficiente y enfocada en el servicio a sus diversos tipos de clientes. Todo esto está en peligro con este gobierno:

1. Pemex regresó a ser una carga pesada para el presupuesto federal y un aparato improductivo lleno de corrupción e intereses políticos y sindicales, que, lejos de producir dinero y cuidar los recursos naturales, destruye ambos a una velocidad e intensidad récord por caprichos y proyectos cargados de ideología estatizadora.

2. La CFE fue capturada por uno de los funcionarios más oscuros y corruptos de la historia de México, que ha destruido todos los avances estructurales, administrativos y de negocios que se habían logrado hasta su llegada.

3. Diversas reformas legales, designaciones y recortes presupuestales han maniatado y capturado a los diversos órganos reguladores del sector energético, lo que ha provocado enormes distorsiones en el mercado y mucha desconfianza.

4. El presidente hipotecó el futuro presupuestal del Estado mexicano con su capricho de construir una refinería que ya voló todas las proyecciones de costo, que no será rentable y se está construyendo a través de esquemas que promueven enormes riesgos de corrupción.

5. El gobierno destruyó diversos proyectos para promover la transición energética a energías limpias, y ha apostado toda la política del sector al petróleo y el carbón, lo que nos ha alejado de importantes foros internacionales y ha provocado una caída récord en la inversión.

En una democracia, ¿cómo deben verse las empresas productivas?

Hasta el día de hoy, la destrucción solo ha sido parcial y se puede retomar el camino de la productividad y el cuidado de nuestros recursos y el medio ambiente, siempre y cuando:

1 Ambas empresas regresen al camino de la construcción de mejores capacidades, mejores proyectos y funcionen como empresas que responden a la competencia y no a los caprichos de un gobernante en turno.

2 No solo se detenga cualquier intento de contrarreforma que pretenda regresar al modelo viejo, sino que se profundicen las capacidades y autonomía de ambas empresas.

3 Se reestablezca la autonomía, la capacidad y la profesionalización de los órganos reguladores y se consolide su autoridad, con designaciones dignas, profesionales y autónomas, presupuestos adecuados y normas idóneas.

4 Se reestructure por completo el modelo de gestión y administración de Dos Bocas para salvar lo que se pueda del proyecto y crear un nuevo modelo de diseño, selección y gestión de proyectos de obra pública que atienda el interés público y minimice los riesgos de corrupción.

5 Se retome el camino de la transición energética para crear un futuro sustentable y moderno, basado en energías limpias.

18. La democracia

Nuestro puente con el poder

¿Qué es la democracia?

La democracia es el sistema político que establece puentes para que los ciudadanos participen en la toma de decisiones del poder. Es democrático un Estado en el que:

1. Los ciudadanos pueden elegir de manera periódica, libre, legal y sistemática a los titulares de los poderes Ejecutivo y Legislativo de los distintos órdenes de gobierno.
2. Los distintos poderes están separados y tienen funciones independientes, claras y equilibradas.
3. Todos los órganos del Estado están sometidos a la Constitución y las leyes en términos de sus funciones y facultades.
4. Los ciudadanos cuentan con un catálogo constitucional de derechos fundamentales que los protegen eficazmente de cualquier abuso del poder a través de un Poder Judicial autónomo e independiente.
5. Estos mismos ciudadanos también pueden exigir cuentas a todo servidor público, quien está sometido a un sistema de responsabilidades que establece consecuencias concretas por violar las leyes.

La democracia no es un modelo binario que existe o no en un país. Es un modelo político que se evalúa conforme a la presencia, profundidad, estabilidad y aceptación de los elementos que la integran.

¿Cómo se ve hoy la democracia en México?

Después de casi 70 años de dominio absoluto del presidente (titular del Poder Ejecutivo), en las últimas tres décadas se hicieron importantes reformas a la Constitución que equilibraron las funciones y facultades de los tres poderes, para generar contrapesos y equilibrios. Se creó un órgano autónomo para organizar elecciones confiables y regular la vida de los partidos, y se integraron diversos órganos autónomos para regular y limitar el ejercicio del poder. Pero hoy ese modelo que tanto trabajo costó está bajo ataque:

1. El presidente en turno pretende capturar las funciones de los otros dos poderes, o por los menos generar desequilibrios que aumenten su poder y los concentren en el Ejecutivo.

2. El presidente en turno y su gobierno se niegan a respetar los límites constitucionales y legales en el ejercicio cotidiano del poder, y violan impunemente con sus decisiones los derechos de las personas físicas y morales, además de utilizar con impunidad el poder para beneficio personal.

3. El presidente en turno y su partido atacan al órgano encargado de las elecciones y amenazan con desaparecerlo o reformarlo para limitar su capacidad.

4. El gobierno en turno se rehúsa a rendir cuentas claras, esconde documentos e información sensible, y ataca a personas y organizaciones que lo investigan y que denuncian posibles actos de corrupción.

5. El presidente y su partido utilizan las obras públicas, los proyectos de gobierno y los programas sociales para crear clientelas electorales, en lugar de generar bienes públicos para todos los gobernados, lo que hace injusta la competencia electoral.

¿Cómo debe verse la democracia?

Estamos a tiempo de rescatar las instituciones fundamentales de nuestra democracia. Para eso debemos concentrarnos en:

1   Cuidar que los poderes de los distintos órdenes de gobierno se mantengan autónomos e independientes entre sí, integrados por diversas fuerzas políticas que debatan de manera respetuosa sus posturas y representen a toda la población.

2   Exigir que todo servidor público, del órgano que sea, actúe solo con base en sus funciones y facultades, y utilizar todos los canales jurídicos y políticos a nuestro alcance cuando pretendan abusar del poder.

3	Defender la autonomía, independencia y fuerza del órgano electoral para que pueda organizar elecciones con independencia de los intereses de los partidos, y logre someterlos a su regulación y disciplina.
4	Exigir cuentas claras, veraces, completas y sistemáticas a todos los servidores públicos y órganos del Estado mexicano, y demandar responsabilidades concretas para quienes violan la ley y utilizan su cargo para beneficio propio.
5	Exigir que las obras, proyectos de gobierno y políticas sociales generen bienes públicos para todos, y que no sean utilizados para crear clientelas electorales, que desequilibran la competencia democrática justa.

19. El servidor público

Nuestros empleados

¿Qué es un servidor público?

Un servidor público es toda aquella persona que ejerce funciones públicas a través de un empleo, cargo o comisión en algún órgano o institución del Estado. Son aquellas personas que tienen a su disposición, cuidado o administración recursos públicos (humanos, materiales o económicos) y que deben utilizarlos para brindar servicios al público o crear bienes públicos. Suelen tener facultades establecidas en las leyes o funciones determinadas por normas administrativas. Sus obligaciones se derivan de la Ley General de Responsabilidades y de las distintas leyes que regulan el espacio que ocupan y las funciones que desempeñan. Deben velar por el bien común y los intereses de la nación, evitar utilizar su encargo para beneficio privado, hacer públicos sus intereses privados para no incurrir en un conflicto, cuidar el patrimonio público y los bienes de la nación, y, sobre todo, están obligados a promover, respetar, proteger y garantizar los derechos humanos de todas las personas, de conformidad con los principios de universalidad, interdependencia, indivisibilidad y progresividad.

¿Cómo se ven hoy los servidores públicos?

A pesar de los diferentes intentos de profesionalización, creación de capacidades y modelos de integridad, aún estamos muy lejos de crear aparatos de gobierno eficaces, eficientes e íntegros. Con la llegada de este gobierno, se dieron varios pasos en el sentido contrario:

1. Al inicio de este sexenio se separó de su encargo, sin causa justificada y con métodos ilegales que violaron la Ley del Servicio Profesional de Carrera, a miles de servidores públicos de niveles medio y alto que tenían un puesto ganado por vía de esa ley, lo que provocó una enorme pérdida de capacidad y experiencia acumulada, y de confianza en la carrera de servidor público.

2. Esos cargos fueron ocupados por personas sin experiencia probada ni credenciales técnicas acreditadas, lo que ha provocado dramas, como el desabasto de medicinas, los desastres de obra pública conocidos y la incapacidad para brindar servicios de calidad en áreas tan sensibles como la salud, la educación, la procuración de justicia o la seguridad.

3. A pesar de no haber tenido aumentos de sueldo reales en años, al inicio de este sexenio se les redujo todavía más el salario, se eliminaron los seguros de gastos médicos privados, los seguros de vida y diversas prestaciones esenciales para cargos de alto riesgo. Esto generó no solo un enorme desincentivo para quienes ya ejercían un cargo, sino también un gran desánimo en quienes tenían la intención de integrarse al gobierno.

4. El control de la regularidad legal en el desempeño de los encargos prácticamente desapareció en los hechos y se transformó en un control de lealtad partidista, ejercido desde la presidencia y desde la Secretaría de la Función Pública.
5. El gabinete legal desapareció en los hechos y se convirtió en un mediocre grupo de gerentes que cuidan los intereses del partido y cumplen los caprichos diarios del presidente, lo que ha provocado una enorme confusión e inestabilidad en todo el aparato de gobierno.

En una democracia, ¿cómo deben verse los servidores públicos?

Necesitamos un aparato de gobierno profesional, estable, diverso, capaz, eficaz, eficiente e íntegro. Para eso requerimos:

1 Cargos con perfiles claros, preestablecidos, integrados, estables y bien remunerados, que permitan la creación de gobiernos capaces de dar resultados.

2 Procesos de selección competidos, públicos, abiertos y transparentes, que incorporen a las mejores personas.

3	Sistemas de responsabilidades que generen consecuencias concretas para todos aquellos que violen la ley, y beneficios tangibles para quienes cumplan sus metas y objetivos.
4	Una separación clara y bien definida de aquellos cargos de naturaleza política que ciertamente cambian con la alternancia de gobiernos, y aquellos que son permanentes e independientes de los ciclos electorales y deben mantener la estabilidad.
5	Un gabinete sólido, de líderes capaces de tomar decisiones profesionales y técnicas, y de dirigir en el día a día a los órganos que encabezan.

20. Los derechos humanos

Tus derechos básicos y sus garantías

¿Qué son los derechos humanos?

Son los derechos fundamentales de los que goza toda persona que se encuentre en México, reconocidos expresamente por la Constitución y por los tratados internacionales de los que nuestro país es parte, y que el Estado mexicano se compromete, por vía de sus autoridades, a promover, respetar, proteger y garantizar, de conformidad con los principios de universalidad, interdependencia, indivisibilidad y progresividad. Una clasificación que hace sencilla su comprensión es la que los divide en seis grandes categorías: los derechos de igualdad, los de libertad, los de seguridad jurídica, los políticos, los sociales y los económicos o de propiedad. Respecto de estos derechos, la Constitución prohíbe toda discriminación motivada por origen étnico o nacional, género, edad, discapacidades, condición social, condiciones de salud, religión, opiniones, preferencias sexuales, estado civil o cualquier otra que atente contra la dignidad humana y tenga por objeto anular o menoscabar los derechos y libertades de las personas. Así, toda decisión, acto, ley o norma que emita cualquier autoridad del Estado mexicano debe contemplar estos derechos como límite al ejercicio del poder y como guía para el ejercicio de la política.

¿Cómo se ven hoy los derechos humanos en México?

Desde hace dos décadas, la legislación mexicana se ha adaptado a los estándares internacionales en materia de derechos humanos en prácticamente todos sus rubros. Sin embargo, el goce y el ejercicio pleno de estos está lejos de los estándares de las democracias más desarrolladas por varios motivos:

1. Las enormes diferencias económicas y sociales que padecemos, que provocan que millones de mexicanos ni siquiera conozcan sus derechos más elementales, y menos los mecanismos que existen para hacerlos efectivos.
2. El gobierno en turno ve los derechos humanos como simples recomendaciones y no como los límites efectivos, vigentes e inquebrantables en el ejercicio del poder, y por eso abusa de este impune y sistemáticamente.
3. El enorme poder del crimen organizado y del crimen común, que hacen inoperantes muchos de estos derechos en un gran porcentaje del territorio nacional, donde el Estado parece inexistente e incapaz.
4. La debilidad, falta de integridad y ausencia de control en muchas autoridades municipales y locales que utilizan los derechos humanos como moneda de cambio político-electoral, y que solo se los conceden a aquellas personas que respaldan a la opción política en turno.
5. La pésima distribución, vigilancia y administración de los recursos públicos, que someten los derechos humanos a la disponibilidad o escasez de aquellos a pesar de su obligatoriedad.

En una democracia, ¿cómo deben verse los derechos humanos?

La aspiración en México no debería ser solo convertirnos en un Estado de derecho, sino en un Estado de derechos. Para esto se requiere tener como prioridad:

1 La incorporación de todas las personas a través de una educación universal, que no solo les permita conocer plenamente sus derechos, sino los mecanismos a su disposición para hacerlos efectivos.

2 Gobiernos que tengan la convicción democrática de ejercer el poder con base y con límite en los derechos humanos de todas las personas, incluidos aquellos que no votaron por ellos y aquellos que les piden cuentas, los denuncian o los critican.

3 Pacificar al país y someter al orden legal a todas las personas y grupos que pretendan utilizar la violencia y el crimen para promover sus intereses y hacer negocios, para que no haya más poder que el del Estado y sus autoridades legítimamente constituidas.

4 Vigilar de manera permanente el ejercicio cotidiano del poder para limitar cualquier intento de convertir los derechos humanos en herramienta de promoción o de sanción político-electoral.

5

Establecer como prioridad presupuestal y administrativa la consolidación de instituciones y de políticas públicas que garanticen y promuevan los derechos humanos de todas las personas, y los hagan permanentes y más completos.

21. La corrupción y la impunidad

El cáncer que acaba con democracias

¿Qué son la corrupción y la impunidad?

La corrupción es la utilización del poder y de los recursos públicos para satisfacer fines privados. La impunidad es el permiso para que suceda la corrupción sin consecuencia alguna. Hay diversos tipos de corrupción tipificados en los códigos penales federal y locales de nuestro país, así como en la Ley General de Responsabilidades Administrativas. Estas leyes establecen procedimientos formales y autoridades concretas para investigarlos y sancionarlos. Los cinco tipos más comunes, reiterados y dañinos de corrupción en nuestro país son el soborno, el peculado, el desvío de recursos, el tráfico de influencias y el enriquecimiento oculto. El soborno se da cuando un servidor público pide, exige u obtiene un beneficio ilegal a cambio de hacer o dejar de hacer algo que es su obligación. El peculado es el hurto o apropiación ilegal de recursos públicos para beneficio privado. El desvío de recursos es la utilización de estos para propósitos distintos a los determinados legalmente, con fines de beneficio personal. El tráfico de influencias es la utilización indebida del poder de una persona para obligar a un servidor público a hacer o dejar de hacer algo que es su obligación. El enriquecimiento oculto es la obtención, posesión, uso y ocultamiento de riqueza por parte de un servidor público obligado a declarar todos sus bienes e intereses. Existe impunidad cuando se conocen estos actos y la autoridad renuncia a su obligación de investigar y sancionar a los autores materiales y a los intelectuales. Existe impunidad sistémica cuando esto es lo común y lo esperado en un Estado.

¿Cómo se ven hoy la corrupción y la impunidad en México?

Entre 2015 y 2017, se dio en México un movimiento ciudadano sin precedentes que propuso y provocó diversas reformas constitucionales, la creación de dos leyes generales nuevas, la reforma a más de una decena de leyes federales, la reforma a todas las constituciones de los estados y la creación de decenas de nuevas leyes locales; todo esto, para crear el SNA. El rumbo del país parecía haber cambiado, pero sucedieron varias cosas:

1. Se dejaron inconclusos varios órganos, nombramientos y estructuras esenciales, con el fin de evitar la consolidación del SNA y mantener el pacto de impunidad entre la clase política.
2. El presidente saliente y el presidente en turno acordaron obstaculizar la autonomía real de órganos tan importantes como la Fiscalía General de la República y la Auditoría Superior de la Federación, esenciales en el SNA.
3. Todos los órganos del SNA fueron severamente castigados en el plano presupuestal desde hace cuatro años, lo que ha impedido su crecimiento, desarrollo y consolidación.

4. El presidente en turno relegó a la Secretaría de la Función Pública, el órgano de control interno y miembro esencial del SNA, a una función de "ministerio de la lealtad partidista", lo que ha provocado un descontrol absoluto del ejercicio de los recursos y una corrupción e impunidad sin precedentes.
5. El movimiento ciudadano anticorrupción perdió energía, organización, foco y causa, y ha permitido a la clase política olvidar el tema y relegarlo a simples eslóganes de campaña.

En una democracia, ¿cómo deben verse la corrupción y la impunidad?

La corrupción y la impunidad son fenómenos comunes en las democracias, incluso en las más desarrolladas. Pero en estas últimas se hace todo lo posible por contenerla y prevenirla. Cuando la corrupción y la impunidad se salen de control y se convierten en el sistema de ejercicio del poder, amenazan a la democracia en su conjunto. Para evitar que se materialice este riesgo se requiere:

1 Un SNA fuerte, completo, autónomo, bien financiado e integrado por personas capaces, valientes y profesionales que investiguen y sancionen cualquier acto de corrupción sin filias ni fobias.

2 Órganos de vigilancia y control del ejercicio del poder y de los recursos públicos que tengan la presencia, capacidad, independencia y recursos para identificar, investigar y sancionar cualquier acto de corrupción, y para proponer medidas eficaces de prevención.

3 Una inversión grande, suficiente, creciente y permanente de recursos públicos para contar con un SNA capaz de enfrentar el fenómeno de la corrupción y la impunidad en todos sus tipos.

4 Una nueva cultura del servicio público que incorpore la integridad como el elemento principal y se aleje de las cuotas, lealtades partidistas y redes de beneficio personal que hoy prevalecen.

5 Una sociedad civil organizada, fuerte, inteligente, enfocada y llena de energía para vigilar el ejercicio del poder, denunciar la corrupción y exigir justicia permanentemente.

22. El populismo autoritario

El abuso del poder y la mentira como estilo de gobierno

¿Qué es el populismo autoritario?

Son cinco características las que definen a los populistas autoritarios y que les permiten escapar de cualquier responsabilidad personal. La primera es que se asumen como la "voz del pueblo", es decir, como los intérpretes únicos del sentimiento nacional y los dueños del aprecio verdadero del pueblo. Todos los demás actores políticos son enemigos del pueblo, respaldados por grupos de interés. Lo segundo es que se asumen como la personificación del Estado. Ellos no están sometidos a la Constitución ni a las leyes porque tienen una función más alta y noble: el rescate del país. No tienen ideología ni convicciones, son capaces de hacer lo que sea por mantener el poder, casi siempre por encima y al margen de la ley. Lo tercero es que venden su paso por el poder como una especie de momento crucial de la historia, en sus respectivos países. Todo lo que sucedió antes era solo el camino necesario para llegar a este momento definitorio. Por eso, lo cuarto es el desprecio a cualquier crítico, opositor o medio que los exponga y exhiba sus mentiras. Atacar al populista es atacar la historia, es atacar el alma de la nación, es atacar al pueblo. Y así, lo quinto que tienen en común es su afán por construir una realidad alterna que cualquiera puede apreciar. Son los creadores y promotores de

165

la era de la posverdad, los "otros datos", el nuevo cáncer de las democracias, que diluye cualquier intento de asignar responsabilidades concretas.

¿Cómo se ve hoy el populismo autoritario en México?

Podemos ver la evolución del populismo autoritario en cinco etapas en nuestro país:

1. Primera etapa. Las casi siete décadas del partido hegemónico cumplieron con las cinco características anteriores, con algunos matices: fueron muy estrictos en soltar el poder y entregarlo al siguiente presidente para generar un flujo pacífico del poder; abusaban del poder, pero sin destruir al Estado, y construyeron una historia oficial que giraba en torno al gran líder en turno, hasta que dejaba el poder, es decir, adaptándola a todos sus presidentes y a todos sus caprichos.

2. Segunda etapa. Con la transición a la democracia en el 2000, el populismo autoritario de corte priista se arraigó en decenas de Gobiernos locales y municipales. La Ciudad de México, gobernada a partir del año 2000 por el actual presidente, era el ejemplo más acabado.

3. Tercera etapa. Surge el populismo evangélico, disfrazado de izquierda, en partidos como Morena y Encuentro Social. Con discursos y eslóganes de izquierda, pero con prácticas y formas de ultraderecha, empiezan a ganar posiciones en distritos, municipios y algunos estados.

4. Cuarta etapa. Con la ayuda del corrupto gobierno de Enrique Peña y varios gobernadores priistas del mismo corte, el populismo de Morena

arrasa en las elecciones de 2018, prometiendo un país en paz, sin pobreza, con desarrollo, sin corrupción, con justicia y cualquier otra cosa que quisieran escuchar en los pueblos y ciudades en donde hacían campaña. No había límite alguno en la maquinaria de promesas de campaña.

5. Quinta etapa. El populismo autoritario es muy exitoso para hacer campañas, pero en todo el mundo es un rotundo fracaso en la gestión de gobierno. La soberbia, la improvisación, la incapacidad, la inexperiencia, la ausencia de planeación, la ausencia de técnica y de técnicos ha provocado auténticos desastres en áreas como la seguridad, la salud, la corrupción, la economía, la educación, la energía, la infraestructura, la ciencia, la cultura, el medio ambiente y prácticamente cualquier área de gobierno de relevancia.

En una democracia, ¿cómo debe verse el populismo autoritario?

Como una mala anécdota, de un mal momento que tuvimos que superar, que solo se encuentra en los libros de historia. Para eso necesitamos:

1   Una ciudadanía informada, formada y activa.

2   Nuevos liderazgos políticos, económicos y sociales.

3	Un instituto electoral que se mantenga fuerte y autónomo.
4	Medios autónomos e independientes que resistan los embates del populista.
5	Un proceso electoral en 2024 que sea histórico por el nivel de participación.

23. La violencia

El poder ilegítimo sin control

¿Qué es la violencia en un Estado democrático?

En un Estado democrático, el único ejercicio legítimo de la violencia es a través de las instituciones del propio Estado, integradas por personas debidamente capacitadas, que actúen siempre de manera regulada, contenida, proporcional y respetuosa de los derechos humanos. Se trata de la última instancia como respuesta a una amenaza real y tangible al Estado de derecho, a la paz pública, a la seguridad de personas o grupos y al orden constitucional. Toda violencia que se ejerce fuera de este marco es ilegítima y normalmente se clasifica como un delito, en diferentes formas, que debe acarrear consecuencias penales concretas. Un Estado democrático debe tener siempre la capacidad de prevenir, contener y sancionar cualquier tipo de violencia, contra cualquier persona o grupo, si pretende mantener el orden democrático y la paz. La violencia sin control o consecuencias, por parte de personas privadas, rompe el orden y la paz que es base de una democracia.

¿Cómo se ve hoy la violencia en México?

Si tomamos como referencia el homicidio doloso, que es la mayor expresión de violencia ilegítima en contra de una persona, estamos hoy en la peor mitad de sexenio de la historia, y si la tendencia no mejora sustancialmente, será el sexenio más violento de la historia. Esto tiene causas concretas:

1. La estrategia de seguridad de este sexenio es una mala copia de las estrategias de los tres sexenios anteriores, que no fueron precisamente eficaces, con el vicio añadido de redoblar la militarización y renunciar a la coordinación entre órdenes de gobierno.

2. Se desapareció a la Policía Federal, que, sin ser perfecta, tenía un camino ya recorrido de profesionalización, capacitación, creación de cuadros, de inteligencia e incorporación de nuevas tecnologías, que se destruyó por completo con el nacimiento de la Guardia Nacional, plenamente militarizada, que la sustituyó.

3. Se renunció a la consolidación del sistema penal acusatorio, que había tenido un tortuoso nacimiento y desarrollo, pero que iba en camino a la consolidación y se regresó a vicios del pasado en la impartición de justicia. Esto ha provocado niveles de impunidad nunca vistos en este país en crímenes relacionados con la generación de violencia e inseguridad.

4. El crimen organizado opera a sus anchas en amplias zonas y diversas ciudades del país, no solo libre del acoso de las fuerzas de seguridad y en total impunidad, sino capaz ahora de jugar a la política electoral, poniendo y quitando candidatos.

5. La prensa y las organizaciones de la sociedad civil organizada, que se dedican a investigar el crimen, la violencia y la inseguridad, viven uno de sus peores momentos históricos. Decenas de reporteros y activistas han perdido la vida en este sexenio con absoluta impunidad y con la total pasividad de este gobierno.

En una democracia, ¿cómo debe verse la violencia?

Contenida al mínimo, sancionada en todas sus expresiones y como una prioridad esencial del Estado democrático. Para esto necesitamos:

1   Una estrategia de seguridad integral, liderada y administrada por mandos plenamente civiles que, de manera transitoria y debidamente regulados y contenidos, se puedan coordinar con las fuerzas armadas y rindan cuentas de manera sistemática y permanente.

2   Una policía nacional creciente, fuerte, eficaz, bien capacitada y entrenada, que tenga a su disposición la mejor tecnología existente y que nunca se distraiga de las tareas de policía, ni invada la esfera de la justicia, y solo esté integrada por personas debidamente seleccionadas, que guarden siempre los más altos estándares de integridad.

3 Un sistema de justicia penal fuerte, autónomo, integrado y capaz de impartir justicia pronta y expedita a cualquier persona o grupo, sin importar de quién se trate.

4 Una estrategia integral y eficaz para atacar al crimen organizado por todos sus frentes: el operativo, el organizacional, el comercial, el financiero, el social y el político.

5 Una prensa libre, acompañada de organizaciones de la sociedad civil que puedan hacer su labor de investigación y análisis de la violencia y la inseguridad de manera libre, autónoma y segura.

24. Los empresarios

El motor de una economía

¿Qué son los empresarios?

El empresario es la persona encargada de la gestión y dirección de una empresa o negocio. Toma las decisiones estratégicas, fija los objetivos y determina los medios que se van a utilizar para alcanzarlos. La palabra *empresario* designa a quien lidera y dirige una empresa, originada en el latín *apprehendere*, que implica la realización de un negocio complejo. Hoy ese término hace referencia a una persona de negocios que, bien sea por separado o en conjunto, como dueño o como socio, establece objetivos y señala decisiones clave sobre estos, los medios, la organización, el control de las negociaciones, y espera, a su vez, que los negocios tengan los frutos y la producción esperada. El conjunto de empresarios y empresas de un país es considerado el motor de la economía nacional. Genera la gran mayoría de los empleos, produce la mayoría de los bienes que se consumen y los servicios que se requieren, y crea la mayor parte de la riqueza que se origina. En empresas de todos tamaños y sectores, existen distintos tipos de empresario, desde aquellos que buscan crear soluciones a problemas sociales reales y arriesgan sus propios recursos hasta aquellos que solo pretenden obtener la mayor cantidad de dinero posible a costa de lo que sea. Los empresarios organizados constituyen una fuerza política real en un país, que legítimamente aboga por sus intereses y promueve la creación de un contexto propicio para los negocios.

¿Cómo se ven hoy los empresarios?

Durante la época del sistema de partido hegemónico, los empresarios organizados eran considerados como un brazo político del partido en el poder. A partir de la década de 1980, surgieron y se transformaron diversas organizaciones empresariales que luchaban por sus propios intereses, en acuerdo con el poder o en discusión con este. Poco a poco fueron encontrando su independencia y puentes democráticos con el poder para crear un contexto propicio para sus negocios. Mucho cambió con la llegada de este gobierno:

1. Muchos empresarios y organizaciones, temerosos del nuevo presidente, asumieron una posición de miedo y debilidad, y aceptaron ser aliados políticos del gobierno a cambio de algunos contratos y de la promesa de ser dejados en paz.
2. Los empresarios y organizaciones que no se plegaron al nuevo gobierno fueron inmediatamente señalados como adversarios políticos, y algunos hasta señalados de corruptos en las homilías mañaneras.
3. El gobierno ha utilizado a las autoridades fiscales y penales para amedrentar a cualquier empresario u organización que pretenda ser crítico o intente utilizar sus empresas o recursos para apoyar a los adversarios del presidente.

4. El presidente rompió uno de los puentes más naturales entre empresa y gobierno, las contrataciones públicas. En lo que va de este gobierno, alrededor de 80 de cada 100 contratos públicos se hacen por adjudicación directa. Esto implica que la relación directa y personal con el gobierno es la clave para obtener contratos.

5. Con el pésimo manejo de la pandemia, en la que se dejó a su suerte a los empresarios, sin apoyo gubernamental alguno, aunado a la inseguridad y la corrupción impune y sin control, no solo desaparecieron millones de empresas, sino que el clima de negocios se volvió incierto y peligroso.

En una democracia, ¿cómo deben verse los empresarios?

Necesitamos que vuelvan a ser un motor vivo, moderno y fuerte, que cree empleos y genere riqueza de manera más equitativa y justa, y que lo haga cuidando nuestros recursos naturales y el medio ambiente. Para eso necesitamos:

1   Empresarios y organizaciones empresariales autónomas del poder en turno que generen riqueza con justicia e integridad y que sean actores políticos proactivos, independientes y dignos.

2   Un gobierno que utilice el poder de forma regulada y limitada, y que respete a cualquier empresario y organización empresarial que cumpla con la ley, a pesar de ser incómodos y críticos.

3   Autoridades fiscales y penales autónomas que se limiten a perseguir a empresas y a empresarios que violan la ley y que generan un daño a la hacienda pública.

4   Contrataciones públicas que sean palanca de desarrollo, que estén basadas en la competencia transparente y abierta, que se decidan por criterios objetivos, que promuevan nuevas y mejores tecnologías, y que busquen las mejores opciones para el gobierno.

5   Políticas públicas que creen un entorno de negocios adecuado, que generen certeza y confianza, y que abran a México al resto del mundo.

25. La economía

El motor de un país

¿Qué es la economía nacional?

Se entiende como economía nacional a la unidad económica resultante de todas las ramas económicas de una nación: actividades primarias, secundarias, terciarias y cuaternarias, es decir, agricultura, minería, manufacturas, transporte, servicios de salud y educación, entretenimiento, seguridad, banca, gobierno, ventas minoristas, comunicaciones, etc. Además, incluye las instituciones económicas, el tipo de sistema económico, la forma de división de trabajo, la manera de utilizar y regular el capital humano y físico, la tecnología, las leyes y regulaciones aplicables, etc. Existen diversos sistemas económicos: economía de mercado, planificada, tradicional o mixta. Cuando se mide el desarrollo económico en el mundo, se toma a las economías nacionales como unidades de estudio. De esta forma se estudia el crecimiento económico de los países en un determinado periodo de tiempo, por lo general se compara la producción de riqueza (PIB) año con año. Las economías nacionales están delimitadas por un territorio físico, en el que se comparten características sociales, culturales y económicas, como idioma y moneda. En una economía nacional, los derechos de propiedad suelen estar definidos, es decir, quién controla y es el dueño de los medios de producción.

¿Cómo se ve hoy la economía de México?

Después de varias décadas de una economía cerrada, central, planificada y controlada desde el gobierno, en los años noventa se abrió al mundo la economía de México. No fue una transición sencilla. Generar confianza hacia adentro y hacia afuera del país implicó profundas reformas constitucionales y legales, la creación de instituciones que promueven la competencia y la disciplina presupuestal, y que provocaron el nacimiento y consolidación de un sistema financiero robusto e independiente del poder. La economía lleva estancada lo que va del sexenio por varios motivos:

1. Se perdió la confianza en los inversionistas nacionales y extranjeros por la falta de certeza y seguridad que generan el abuso del poder y la corrupción sin control de parte del gobierno en turno.

2. La destrucción de proyectos exitosos de infraestructura y la sustitución de estos por otros que han sido declarados como inviables e improductivos por los expertos de la materia.

3. La reconfiguración de una oligarquía empresarial cercana al poder que genera poca riqueza, poca diversidad y mala calidad de bienes y servicios, pero mucha corrupción de la mano del gobierno.

4. La violencia, la inseguridad y la corrupción sin control que generan enormes riesgos para todos aquellos que quisieran o podrían invertir en México.

5. Malas políticas públicas sociales y económicas que pretenden solo crear mercados electorales, en lugar de generar condiciones de inclusión en la

184

economía de aquellos sectores más desprotegidos que han estado excluidos del desarrollo económico.

En una democracia, ¿cómo debe verse la economía?

Estamos a tiempo de cambiar el rumbo de la economía de nuestro país, pero se requiere mucho trabajo para crear un mejor modelo económico, en el que todos estemos incluidos. Para eso se requiere:

1 Un entorno de confianza y certeza que solo se genera con instituciones que cumplen y hacen cumplir la ley, leyes que valen y regulan la actividad económica de manera eficaz, contratos que vinculan y generan derechos y obligaciones eficaces, y un Estado que se limita en el ejercicio del poder.

2 Un sistema de contrataciones públicas que sea palanca de desarrollo y que genere proyectos de infraestructura viables, productivos, bien planeados, que estimulen el desarrollo comunitario y empujen la economía nacional.

3 Un sector empresarial fuerte, independiente del poder, socialmente responsable, que produzca riqueza y oportunidades, y que ayude a resolver los grandes pendientes del país.

4 Un entorno de paz y seguridad que minimice los riesgos de empresarios e inversionistas para que tengan la confianza de apostar por México.

5 Políticas públicas que promuevan la inclusión en la economía de las personas y familias que han sido olvidadas por décadas para que no solo gocen de una economía que crece, sino para que sean parte activa de su desarrollo.

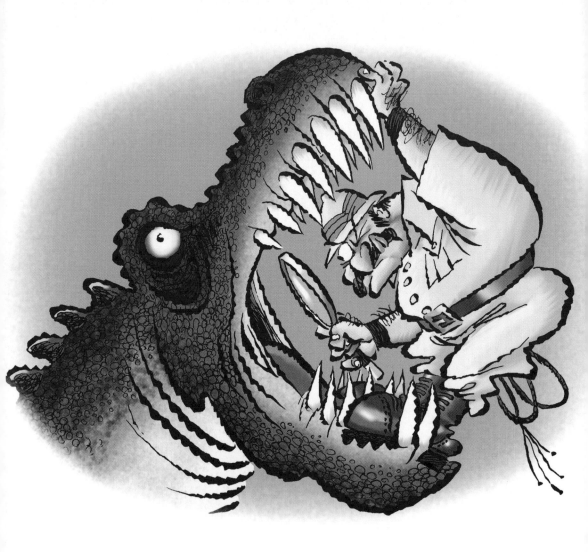

26. Las organizaciones de la sociedad civil

Los constructores del tejido social

¿Qué son las organizaciones de la sociedad civil (OSC)?

Las OSC son instituciones creadas por ciudadanos de un país, con diferentes fines: para estudiar uno o varios temas y difundir el conocimiento, para proteger los derechos de algún grupo de personas, para generar conciencia sobre algún tema sensible, para concentrar los esfuerzos a favor de alguna causa, para llamar la atención sobre algún problema que afecte la vida humana o natural, para denunciar el mal ejercicio del poder en sus distintas formas, para innovar soluciones respecto de problemas comunes, o simplemente para agrupar a personas con causas o intereses comunes. Suelen ser independientes de los gobiernos de los países donde residen, aunque trabajen de la mano de estos o reciban algún tipo de financiamiento. Hay de todos tamaños, desde pequeñas organizaciones locales con unas cuantas personas hasta organizaciones globales con miles de empleados formales. Existen unas muy serias, formales, autónomas y útiles socialmente, y otras que utilizan este sector como frente para impulsar intereses personales. Así, no existe la "sociedad civil organizada", sino un enorme bosque de OSC que se ubica entre la sociedad y el poder.

¿Cómo se ven hoy las OSC?

Desde los años noventa, las OSC mexicanas e internacionales han crecido en influencia, diversidad, tamaño y capacidad en nuestro país. En esa primera etapa, fueron fundamentales en la transformación del Estado mexicano en temas como la democracia electoral, los derechos humanos, el medio ambiente, la creación de órganos autónomos especializados y la consolidación de instituciones fundamentales para la economía. En la última década, han sido clave para impulsar temas como la libertad de expresión, la seguridad pública y el combate a la corrupción. Hoy viven una seria crisis debido a cinco motivos:

1. El gobierno actual desprecia cualquier forma de organización que no pueda controlar o callar, y así tacha de "enemigo" a cualquier institución que contradiga su discurso o critique sus políticas.

2. Ha reformado diversas leyes para hacer muy difícil su constitución, administración, crecimiento y, sobre todo, su capacidad de conseguir recursos.

3. Muchas de las OSC que antes eran críticas del poder decidieron aliarse al gobierno en turno, por miedo o por una supuesta coincidencia ideológica, y perdieron el rumbo y la vocación.

4. Las que han querido mantener independencia y autonomía han sido sometidas a denuncias, investigaciones, acoso fiscal y amenazas desde la homilía mañanera y el gobierno.

5. Muchas organizaciones internacionales le dieron demasiado crédito al discurso oficial y a las promesas del presidente en turno, y perdieron su lugar

en las mesas importantes de discusión, así como la capacidad de influencia que antes tenían.

En una democracia, ¿cómo deben verse las OSC?

Una sociedad solo puede empoderar a sus ciudadanos a través de OSC que sean serias, autónomas e independientes del poder en turno. Para eso se necesita:

1 Exigir permanentemente el respeto del gobierno a las OSC y al derecho constitucional de los mexicanos para organizarse en torno a los temas de su interés.

2 Exigir que exista un entramado legal e institucional que permita la fácil constitución y administración de estas organizaciones, así como incentivos positivos para hacer sencilla su capacidad de conseguir recursos legales.

3 Transparentar los intereses reales y completos de todas las OSC para que el público pueda evaluar la seriedad, utilidad y legitimidad de cada una, y pueda escoger, de manera informada, a cuáles apoyar o pertenecer.

4	Pertenecer, o por los menos apoyar, a las OSC que son útiles para la sociedad y el país, y defenderlas de los ataques del poder.
5	Pedir a las organizaciones internacionales que regresen su foco de atención a nuestro país y vuelvan a levantar la voz firme en temas tan sensibles como la violencia, la corrupción, la pobreza, las violaciones a los derechos humanos y a las libertades.

27. Los sindicatos

Los hermanos incómodos del poder

¿Qué son los sindicatos?

Formalmente se trata de las organizaciones de trabajadores que se crean en el interior de las empresas u órganos públicos para defender los derechos constitucionales y legales de los trabajadores y promover sus intereses. Existen de todos tipos, desde aquellas que efectivamente se constituyen y organizan para velar por la calidad de vida y los derechos laborales de sus agremiados hasta las que solo se crean y se organizan para ejercer el poder social, político y económico que se deriva de su tamaño e influencia. Existen sindicatos transparentes, democráticos y bien organizados, y otros que son vehículos oscuros de intereses privados y negocios particulares. Por décadas, los líderes sindicales, los sindicatos y las organizaciones de sindicatos de nuestro país fueron brazos del partido hegemónico para movilizar personas y recursos a las causas electorales de ese partido. Esto les ganó el pobre prestigio que se refleja en las encuestas de confianza institucional y la poca credibilidad que se otorga a sus líderes. Hoy el mundo sindical es mucho más diverso y plural.

¿Cómo se ven hoy los sindicatos?

Aquellos que son serios, democráticos, transparentes y bien administrados suelen desaparecer de la luz pública y de las discusiones políticas. Esos sindicatos acostumbran concentrarse en el trabajo interno que se requiere para mejorar las condiciones laborales y de vida de sus agremiados, y, por eso, se sabe poco de ellos. En cambio, seguimos padeciendo organizaciones sindicales, en especial las del gremio público, que:

1. Hacen todo menos promover el interés legítimo y bienestar de sus trabajadores, porque sus líderes están ocupados en hacer negocios personales o promover sus carreras políticas de la mano del poder en turno.

2. Se pliegan al poder por intereses personales y políticos, y se vuelven cómplices de la destrucción de sus sectores, como los sindicatos de maestros, los petroleros o los electricistas.

3. Se convierten en "policías ideológicos", como los sindicatos de trabajadores de servidores públicos de los gobiernos encabezados por Morena, que obligan a sus agremiados a aportar recursos a causas políticas y a atender eventos y elecciones.

4. Aceptan convertirse en vehículos de movilización político-electoral y se organizan mediante cuotas de personas y recursos que tienen que poner a disposición del partido en el poder para ganar elecciones.

5. Aceptan convertirse en vehículos de presión para cabezas de instituciones públicas que pretenden ejercer sus funciones de manera autónoma.

En una democracia, ¿cómo deben verse los sindicatos?

El derecho constitucional a organizarse para proteger derechos laborales y promover una mejor calidad de vida de los trabajadores es útil para ellos, y para México, cuando:

1. Se hace a través de organizaciones democráticas, transparentes, bien administradas y autónomas, que rinden cuentas a sus agremiados y generan bienes públicos y privados.

2. Se organizan y se dirigen de manera independiente a los distintos gobiernos en turno, y evitan ser simples plataformas de intereses personales.

3. Carecen de ideología o filiación político-electoral, y pueden crear puentes con diversos gobiernos para el bien de sus agremiados.

4. Evitan ser utilizados como brazos electorales y permiten a sus agremiados tener sus propias opiniones políticas.

5. Se convierten en organizaciones que promueven y son parte del desarrollo y la modernización del sector al que pertenecen, y gozan de los beneficios de su crecimiento.

28. Los medios de comunicación

Los altavoces de la sociedad

Por décadas, los medios de comunicación masiva se dividían en electrónicos e impresos. De los primeros destacaban la radio y la televisión; de los segundos, los periódicos, los libros y las revistas. La radio y la televisión tradicionales tienen la particularidad de utilizar el espectro radioeléctrico, un bien que suele poseer y administrar el Estado, y por lo tanto, se requería de grandes empresas, con mucho poder económico y político, para obtener el derecho para utilizar este bien público y explotarlo como privado. Por décadas, esta era la única manera de llegar a los hogares, centros de trabajo y automóviles de los usuarios, y por eso se crearon enormes emporios radiofónicos y televisivos. La llegada, desarrollo y expansión de internet, hace un par de décadas, ha cambiado por completo el panorama. Hoy los enormes dinosaurios tradicionales tienen que competir contra pequeñas, flexibles y adaptables plataformas digitales que, sin la necesidad de espectro radioeléctrico, pueden llegar a millones de *smartphones*, en manos de millones de personas. Por otro lado, está la crisis de los medios impresos, que por varios siglos fueron la única forma de comunicación masiva para poner información, historias, noticias y chismes en manos de millones de personas de forma escrita y gráfica, que no solo pasaba de mano en mano, sino que quedaba archivada en bibliotecas y hemerotecas.

Hoy los libros, revistas y periódicos parecen instrumentos de nostalgia, que fácilmente son superados por el costo, alcance, inmediatez y disponibilidad de las plataformas digitales.

¿Cómo se ven hoy los medios de comunicación en México?

Los retos tecnológicos, sociales y económicos no son los únicos que tienen hoy los medios de comunicación masiva en México. Como actores principales de una democracia, hoy enfrentan enormes retos políticos también:

1. Acostumbrados por décadas a recibir recursos públicos por distintas vías para generar un vínculo con el poder en turno y poner en sus pantallas, en su papel o en sus micrófonos lo que este les pidiera, hoy varios de estos dinosaurios, que no hicieron la transición, sobreviven básicamente del erario.

2. Esto limita su capacidad para diversificar su contenido y generarlo con calidad, lo que limita su capacidad para conseguir patrocinio alterno que les dé algo de independencia y flexibilidad.

3. Expuestos como simples repetidores de información, han perdido audiencia y confianza, y, por lo tanto, relevancia.

4. En este contexto, muchos medios, en especial los locales, utilizan las contiendas electorales y las campañas políticas para pelear por las enormes bolsas de recursos públicos con las que cuentan los partidos políticos.

5. Esto los limita enormemente una vez que queda electo un gobierno: si ayudaron al candidato ganador, tendrán que promover su gobierno durante el encargo, si pretenden mantener el flujo de recursos; en cambio, si ayudaron al candidato perdedor, deberán soportar un periodo completo de sequía de recursos públicos y convertirse en "voceros" de los adversarios.

En una democracia, ¿cómo deben verse los medios de comunicación?

Los medios de comunicación masiva son esenciales en una democracia para conocer la realidad y mantener al poder expuesto al escrutinio ciudadano. Para que sean realmente útiles para nuestra democracia se requiere:

1   Que sean independientes del poder en turno, no solo como negocios exitosos, sino como plataformas responsables del contenido que difunden.

2   Diversidad en las plataformas y transparencia en los intereses que las financian y promueven para conocer distintas visiones y poder escoger con libertad en quién confiar.

3	Una ciudadanía más educada y crítica que sea capaz de reconocer a los medios que son serios y útiles, y distinguirlos de aquellos que solo generan propaganda o desinformación.
4	Exigir profesionalismo, ética y seriedad de aquellos que tienen un micrófono o una pluma y que pueden alcanzar e influir a muchas personas.
5	Ignorar a los medios y plataformas que han demostrado su incapacidad para hacerse responsables de lo que difunden, o aquellos que claramente se alían con grupos específicos u oscuros para promover intereses ajenos, o hasta contrarios, al interés público.

29. Las redes sociales

La compleja ventana al mundo

Las redes sociales nacen como un experimento para conectar comunidades estudiantiles que querían expandir su círculo y crear vínculos virtuales entre personas que no tenían contacto físico en el mundo real. Se trataba de crear escaparates personales que aprovecharan las ventajas de internet para conectar a individuos en una comunidad virtual. Sin costo, fáciles de utilizar y llenas de características basadas en el ego humano, pronto se convirtieron en una nueva necesidad personal y en gigantescas plataformas con millones de usuarios alrededor del mundo. Esto provocó su transformación en emporios empresariales que explotaban los millones de datos sobre la experiencia humana diaria, lo que generó posibilidades comerciales infinitas. Pero, además, se convirtieron en la gran competencia de los medios de comunicación masiva. Las redes sociales "democratizaron" el espacio público virtual. Desde un *smartphone*, sin inversión alguna, cualquier persona puede alcanzar a millones de usuarios alrededor del mundo, difundir información, crear tendencias, modificar opiniones, establecer vínculos, crear grupos de opinión, construir carreras o tumbar personajes. Desde la época conocida como Primavera Árabe, entre 2010 y 2012, se consolidaron también como medios alternos de comunicación, capaces de generar una visión alterna a la propaganda oficial de un gobierno, y, así, socavar la popularidad de regímenes completos para contribuir a su caída. La invasión de Rusia a Ucrania en 2022 es el ejemplo más reciente de su poder: la guerra tradicional la podrá estar ganando el invasor, pero las redes sociales han destruido la posibilidad de Rusia de ganar la guerra en el ámbito político internacional. Los triunfos electorales en Estados Unidos de Barack Obama o Donald Trump serían inexplicables sin su permanente actividad en las redes sociales. Por eso, es absurdo darles a estas redes calificativos morales como "buenas" o "malas", son simplemente una muy poderosa herramienta que se puede utilizar para crear grandes cambios positivos en tiempos inimaginables o para destruir cosas que parecían inamovibles.

¿Cómo se ven hoy las redes sociales en México?

Según el Digital 2021 Global Overview Report publicado por *We are Social* y *Hootsuite*, hoy hay más de 100 millones de personas en México que utilizan alguna o varias redes sociales: 93 millones tienen un perfil de Facebook, 32 millones de Instagram y 11 millones de Twitter.[1]

---

[1] Digital 2021 Global Overview Report, *We are Social* y *Hootsuite*. Disponible en https://www.way2net.com/2021/07/estadisticas-de-redes-sociales-en-mexico-2021/#:~:text=desde%20cualquier%20dispositivo.-,Uso%20de%20redes%20sociales,trav%C3%A9s%20de%20sus%20dispositivos%20m%C3%B3viles.

Como en cualquier lugar del mundo, las redes sociales en México sirven para provocar cosas muy positivas, pero también para generar problemas difíciles de asimilar y resolver:

1. Por un lado, se han convertido en una muy eficaz plataforma para conocer y difundir información, análisis y opiniones que jamás saldrían de un gobierno tan oscuro como el actual.
2. También son un eficiente espacio para denunciar la violencia, la corrupción y el abuso del poder.
3. Pero con la misma facilidad se utilizan para crear tendencias artificiales, generar noticias falsas o para hacer populares a personajes que parecerían impresentables.
4. En tiempos recientes han servido para obligar a legisladores a votar en contra de reformas perjudiciales para México, pero también para difundir sin edición las mentiras del presidente y los datos falsos que difunde cada mañana.
5. Sirven para alertar a la población de la escasez de medicinas para niños con cáncer y provocar el altruismo social, y al mismo tiempo sirven para difundir la mentira oficial de que el problema está resuelto.

En una democracia, ¿cómo deben verse las redes sociales?

Los ciudadanos podemos utilizarlas como poderosas plataformas de cambio democrático, si seguimos algunos principios básicos:

1 Utilizarlas como medio de información legítima y creíble siguiendo solo a medios, personas y plataformas serias, confiables e independientes.

2 Asumir las reglas básicas de humanidad y respeto que utilizarías con cualquier persona que tuvieras frente a ti.

3 Compartir solo información y datos que sabes que son ciertos para no contribuir a la desinformación que confunde a muchos.

4 Evitar seguir, difundir, popularizar o dar foro a cuentas artificiales, a personas que se dedican a desinformar o crear controversia, a personas violentas o irrespetuosas, o a personas o grupos que promueven la violencia contra otros.

5 Entrar a las discusiones importantes y aportar con valor opiniones e información que pueden enriquecer los debates de temas trascendentes, y aprender a evitar las disputas inútiles y vacías que solo promueven la división.

30. Los ciudadanos

Las células de una democracia

Un ciudadano de una democracia no es un simple habitante del país en el que vive. Se trata de un miembro activo de su comunidad que conoce sus derechos y sabe cómo hacerlos efectivos, pero también conoce y cumple con sus obligaciones porque sabe que es la única manera de vivir en una colectividad que incluye a todos. Los ciudadanos de una democracia saben que la fuerza está en la organización que impulsa causas comunes, y por eso pertenecen a grupos y a redes de ciudadanos que promueven el bien común. Sin embargo, nunca se confunden con el colectivo porque reconocen el valor de la diversidad individual y el valor de la persona. Así, cuando pertenecen a redes, organizaciones o instituciones tienen la capacidad de velar por sus derechos como individuos, y, a la vez, abogar por los derechos del grupo y de quienes no pertenecen a su entorno cercano. El ciudadano de una democracia genera puentes entre diferentes para vivir en un lugar que incluye y piensa en todos. El ciudadano de una democracia nunca es un simple espectador, es un activista que genera bienes privados y públicos.

¿Cómo se ven hoy los ciudadanos mexicanos?

Durante las casi siete décadas del sistema de partido hegemónico, el concepto de ciudadanía democrática era casi inexistente. Los mexicanos gozaban de los derechos que el Estado les concedía y tenían pocos canales para exigir más o mejores derechos. La transición a la democracia provocó la expansión formal de derechos, de canales de protección e instituciones encargadas de la defensa de los derechos de los ciudadanos. Pero estamos lejos de tener la ciudadanía que requiere nuestra democracia. Más ahora con un gobierno que desprecia el concepto de ciudadanía democrática. Hay cinco razones de su desprecio hacia el concepto de ciudadano:

1. Es imposible controlar y manipular en el mismo sentido a millones de personas diversas, educadas, que conocen sus derechos y tratan de ejercerlos.
2. Los ciudadanos capaces de conocer y entender la realidad son un mal mercado electoral para el populismo autoritario, que es incapaz de dar buenos resultados de gobierno.
3. Los ciudadanos educados conocen otras democracias y pueden comparar fácilmente las carencias de la propia.
4. Los ciudadanos se organizan y potencian su fuerza a través de redes e instituciones que crean su propia agenda, la defienden y la hacen efectiva por medio de diferentes canales.
5. Los ciudadanos activos cambian de postura y opinión cuando se acercan a la realidad y la conocen mediante las causas a las que pertenecen.

En una democracia, ¿cómo deben verse los ciudadanos mexicanos?

Las democracias tienen la calidad y la eficacia que obtienen del tipo de ciudadanos que la conforman. Las instituciones y las leyes de una democracia son solo el sistema complejo, la estructura a través de la cual los ciudadanos construyen un proyecto de país. Por eso, una democracia exitosa requiere de ciudadanos que:

1 Conozcan y entiendan todos sus derechos, y sepan cómo, cuándo y dónde hacerlos efectivos.

2 Conozcan sus obligaciones y responsabilidades y las cumplan no solo por miedo al castigo, sino por la convicción de que esta es la única forma en la que todos pueden vivir mejor.

3 Defiendan los derechos de otros, en especial de aquellos que son más vulnerables o están en riesgo por el abuso de poder del Estado, porque saben que un día pueden necesitar a otros ciudadanos para defender los propios.

4	Se organicen en torno a causas que son comunes y tienen la capacidad de hacer a un lado las diferencias para trabajar en el bien común.
5	Cuiden y respeten su entorno, los recursos naturales y el medio ambiente porque saben que solo son usuarios temporales en un territorio que pronto será habitado por otros.

Lo que diga tu dedito de Max Kaiser y Paco Calderón
se terminó de imprimir en febrero de 2023
en los talleres de
Litográfica Ingramex, S.A. de C.V.
Centeno 162-1, Col. Granjas Esmeralda, C.P. 09810
Ciudad de México.